인문학 독자를 위한 **니까야**

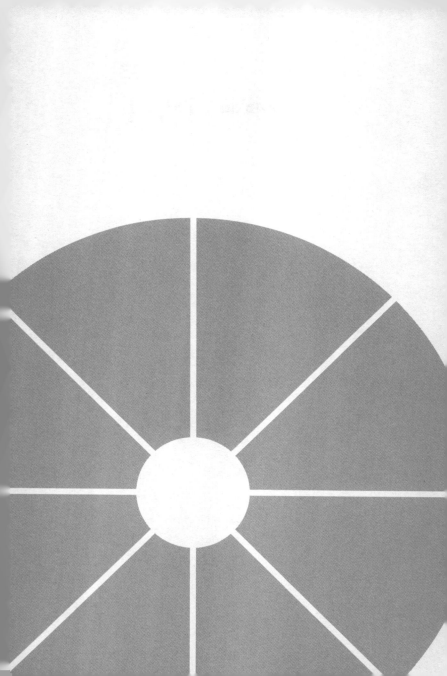

인문학 독자를 위한 **니까야**

최경아 지음

불광출판사

들어가며

니까야에는 인도 이야기가 많이 등장합니다. 부처님이 인도에서 탄생했으니 당연하겠지요. 구직할 때 이력서가 기본인 것처럼, 또 누군가를 만났을 때 그가 살아온 과정이 궁금해지는 것처럼 우리는 어떤 사람을 보다 깊게 이해하기 위해 그의 삶을 알고 싶어 합니다. 불교가 처음 서구인에게 알려졌을 때, 그들은 부처님이 실제 존재했던 분이라고 생각하지 못했습니다. 그러나 관련 유적지와 유물 등 구체적인 증거가 발견되면서 실존 인물이었음을 알게 되었던 것입니다. 니까야를 통해 우리는 고대 인도에 살았던 부처님의 생생한 모습을 보게 되는 것입니다.

살아가는 일이 꽤 순조롭다고 느껴질 때가 있었습니다. 나 자신뿐만 아니라 나를 둘러싼 많은 것들이 여전히 활기가 있었습니다. 더 많은 것을 기대했고 그리고 이런 풍요로움은 지속될 것으로 믿어졌습니다. 어느 여름날 산책길에서 왕개미가 지나가는 것을 보았는데, 문득 어디선가 나타난 도마뱀이 이를 낚아챘습니다. 도시에서는 보기 어려운 드라마틱한 광경은 까마귀가 도마뱀을 움켜쥐는 모습에서 절정에 달했습니다. 언제나 평온한 줄 알았던 산책길은 먹이사슬이 시현되는 무대였던 것입니다. 왜 이제야 이런 것들이 내 눈에 들어오게 된 것일까요?

어머니는 때로는 억척스럽다고 느껴질 정도로 생활력이 강합니다. 그런 어머니가 이제는 예전 같지가 않습니다. 우리 가족은 각자 일상에 여념이 없습니다. 적어도 세상의 흐름에서 낙오되지 않기 위해 애쓰지만, 바라는 대로 일이 풀리는 것은 아닙니다. 얼마 전 친구의 집을 방문했는데 자주 방문해서 익숙한 그 집에 한 번도 만난 적이 없는 분이 계셨습니다. 친구의 할머니였습니다. 너무 연로하셔서 거동도 불편한 듯했고, 수척한 얼굴로 그저 물끄러미 바라보기만 하실 뿐 아무 말씀도 없었습니다. 저는 당황했습니다. 심지어는 두려웠습니다. 생각해보니 이제껏 제 주변에는 병마와 노쇠가 보이지 않았습니다. 시간의 흐름에 순응했을 뿐일 텐데, 세월의 흔적으로 인한 외적 변화가 이토록 낯설 수 있음을 몰랐습니다. 사람으로 태어나 누구나 겪을 일이지만 생로병사의 문제는 어느 날 문득 맞닥뜨리게 되는 일인 것 같습니다. 본인이 직접 겪어야만 납득이 되고 상황과 형편에 따라 각기 이해가 다를 수밖에 없습니다.

　　다소 현대적으로 각색했지만 위의 에피소드들은 부처님도 2,500여 년 전에 경험한 일들입니다. 그냥 지나칠 수도 있는 일상사이지만, 이러한 사건이 부처님에게는 깨달음과 구도의 길로 나아가는 계기가 되었습니다. 이와 같은 다양한 이야기들이 때로는 직접적으로 때로는 은유적으로 니까야에 담겨 있습니다. 그 옛날 일인데도 지금과 별반 다르지 않습니다. 인간 모두가 겪는 보편적인 문제들이기 때문이겠죠. 우리의 일상은 어제와 그리 다르지 않습니다. 어제의 일상도 그제와 그리 다르지 않았습니다. 이렇게 평탄한 일상은 우리에게 안도감을 줍니다. 관성에 따라 살고 자신의 취향을 어느 정도 만족시키며 그 취향에 따라 내일을 계획하며 기대하는 일상은 평화롭습니다. 그런데 살다 보면 가끔 의도치 않은 일들도 일어납니다. 옳은 선택이라고 생각했는데 전혀 다른 결과가 발생할 때도 있습니다. 억울한 경우도 많습니다. 나의 선의가 다른 이들에게 피해를 주거나 비난을 받게 되는 경우입니다. 콩 심은 데 콩 나고 팥 심은 데 팥 난다고 하던데 살다 보니 그렇지 않은 경우도 있는 것 같습니다. 인과응보가 있다고 하는데 적중률이 몇 퍼센트나 될까요? 살면서 확인 안 되는 그런 인과응보가 무슨 소용이 있을까요? 니까야는 경전이기도 하지만 이야기책이기도 합니다. 살아가면서 가질 법한 다양한 의문들에 대해 어렵지 않은 일상의 언어로 답합니다. 마음대로 안 되지만 그래도 세상은 순리대로 돌아간다는 믿음이 일상의 저변에서 삶을 떠받쳐준다면 우리는 살아갈 힘을 얻습니다.

우리는 니까야에서 이를 확인합니다. 니까야의 한 경에는 사랑하는 자식을 잃고 현실을 받아들이지 못하는 한 여인의 이야기가 나옵니다. 부처님은 그 여인에게 죽음이 단 한 번도 없었던 집에서 겨자씨를 구해오면 아들을 살려주겠다고 말합니다. 부처님의 말씀을 들은 여인은 당장 이 집 저 집을 다녔지요. 하지만 죽음이 단 한 번도 없었던 집은 없었고, 결국 여인은 어디에서도 겨자씨를 구할 수 없었습니다. 왜 부처님은 자식을 잃은 여인에게 불가능한 일을 시켰던 것일까요? 부처님은 그 여인에게 아기는 죄를 짓지 않았으니 천국에 갔을 것이라고 위로할 수도 있었을 것입니다. 아니면 아이를 위해 제사를 지내면 그 공덕으로 아기가 천상에 태어나거나 좋은 내생을 받을 수 있다고 안심시킬 수도 있었을 것입니다. 그러나 부처님은 그렇게 하지 않았습니다. 오히려 부처님은 누구도 예외일 수 없는 엄연한 생로병사의 대해(大海)에서 영원한 것은 아무것도 없음을 스스로 체득하도록 그 여인을 인도합니다.

니까야에는 부처님 시대의 종교와 사상이 그대로 투영되어 있습니다. 그 시대에는 제사를 최고로 중시하는 사제들도 있었고, 극단적 고행을 하는 수행자들도 있었습니다. 또한 인간의 내면 깊은 곳에 완전무결의 영원한 실체가 존재한다고 믿는 이들도 있었습니다. 그들은 이것이 궁극적 실재이자 우주의 최고 원리라고 주장했고, 이와 합일하는 방법에 몰두하고 있었습니다. 당시 많은 사상가들은 바로 이 완벽한 자아를 찾는 데 과도하리만큼 열심이었습니다. 현실의 고단함과 쓸쓸함 때문이었을까요? 많은 이들이 자기 자신의 취약한 상태를 인정하고 싶어 하지 않았습니다. 반면 부처님은 생로병사라는 대해에는 오직 밀려옴과 쓸려감이 작용할 뿐, 고정불변의 영원한 존재는 환상에 불과하다는 점을 분명히 합니다. 현상 밖의 영원을 꿈꾸기 전에 내 발등 위에 떨어진 욕망의 불씨를 제거하는 것이 우선임을 각성시켜 준 분이 부처님입니다.

종교에 귀의한 이들에게 경전은 그 자체로 절대적이며 경전의 내용은 반박될 수 없는 신성한 것입니다. 그렇다 할지라도 종교는 인간이 영위한 다양한 문화 현상 가운데 일부입니다. '문화(文化)'에 해당하는 영어·프랑스어 단어인 'culture'는 서양에서 '경작'이나 '재배' 등을 뜻하는 라틴어 단어 'cultus'에서 유래되었다고 합니다. 동양에서도 문화라는 말은 자연 그대로가 아니라 '문자화 된 것'으로, 곧 인간의 작용이 가해진 것을 의미합니다. 따라서 문화 현상으로서의 종교는 그 종교가 속한 시대와 지역 사회로부터 다양한 영향을 받을 수 있습니다. 우리에게 익숙한 다른 경전들과 달리, 니까야에서는 부처님과 당시 사람들의 일상과 삶과 생각이 생생하게 전달됩니다. 불교의 핵심 사상들도 그 당시 사람들의 상식과 통념과 연결되어 전달됩니다. 우리가 개념적으로 이해하고 분석해야 하는 어려운 철학 사상들도 그 당시 사람들에게는 일상의 언어로 쉽게 전달될 수 있었다는 말입니다. 이제 니까야에서 펼쳐진 세상을 우리 자신의 눈으로 풀어내는 작업을 시작하겠습니다. 그럼 시작해 볼까요?

최경아

차 례

들어가며   005

1. 니까야를 우리는 왜 알아야 할까   015

불타가 아닌 붓다와의 인도적 만남   017
고민 해결사 부처님께 직접 듣는다   028

2. 니까야는 왜 만들어졌을까   039

자유를 찾아 나선 사람들   041
인도의 암송 문화와 니까야의 문서화   051
초기불교는 어떻게 알려졌나   065

3. 니까야가 말하고자 하는 것은 무엇일까   073

사람으로 태어나 발 딛고 있는 이 자리에서   075
진리는 동굴 …   085
세상과 나를 만드는 다섯 가지, 열두 가지
       그리고 열여덟 가지   092
정말 내가 없다는 말인가   101
네 가지 성스러운 진리   112
고통의 본질   121
세상이 굴러가는 방식   126
바른 선택을 할 수 있는 힘   138

4. 니까야에서 우리는 무엇을 배울 수 있을까   147

만들어진 세상과 까르마의 작용 원리   149
때에 맞는 말의 위력   158

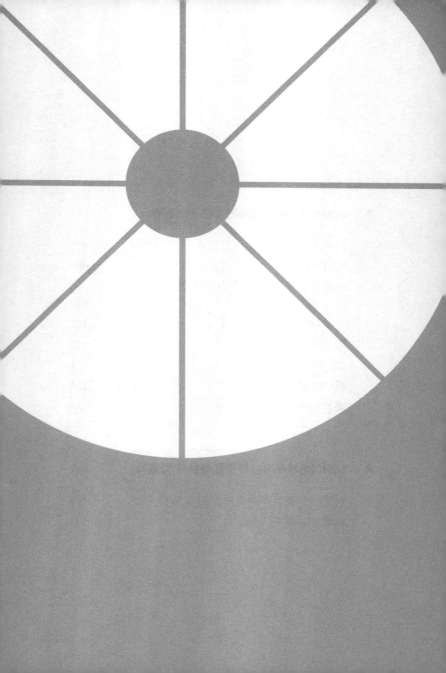

1

니까야를
우리는
왜 알아야 할까

불타가 아닌 붓다와의 인도적 만남

어린 시절 동네마다 꼭 한 명씩 있는 사람들이 있었습니다. 바보입니다. 지적 장애나 경계선 지능 장애를 가진 이들을 일컫는 말이지만, 그때만 해도 이런 고상한 용어는 잘 쓰이지 않았고 천치, 팔푼이, 띨띨이 등 비속어로 이들을 폄하하며 놀려댔습니다. 지체 장애가 있거나 남과 좀 다르게 보이면 일단 색안경을 끼고 보고, 빌미만 잡히면 따돌리며 놀려대던 좀 야비한 문화가 있었습니다.

초등학교 저학년 때 전학을 와서 한참 새 친구들을 사귀느라 여념이 없을 때, 한 친구가 어느 아이를 가리키며 "쟤 바보야"하는 것이었습니다. 실실 웃으면서 혼잣말을 하며 걸어가는 그 아이를 보면서 '이 동네에서는 저 아이구나'라는 생각을 했습니다. 얼마 지나지 않아 또 다른 친구가 우리 동네로 이사를 왔고, 먼저 온 선배랍시고 그 친구에게 이런 저런 정보를 알려줬습니다. 마침 멀지 않은 곳에서 놀고 있던 그 아이를 가리키며, 그 아이가 동네마다 한 명씩 있다는 그 '바보'임을 알리는 것도 잊지 않았습니다. 그 아이와는 다시 마주치는 일 없이 저는 새 동네에 조금씩 정착해가고 있었습니다. 그런데 어느 날 바로 제 등 뒤에서 누군가 제 뒷담화를 하는 소리를 들었습니다.

"너 얼마 전 이사 온 애 알지? 그 아이 바보다."

"어떻게 알았어?"

"그 아이가 날 보고 바보라고 그랬대. 진지하게."

"…"

제가 철석같이 바보라고 믿고 있던 그 아이는 멀쩡한 자기를 바보로 알고 있던 저를 바보로 지목했습니다. 잘못된 정보에 속았고, 바보는 잘 웃는다는 어리석은 편견으로 스스로를 기만했고, 확인되지 않은 전도된 지식을 남에게 전달까지 했습니다. 아!

여러분은 이런 경험이 없으신지요? 저는 이 일로 한 치 건너 알게 된 정보는 검증되어야 한다는 것을 깨닫게 되었습니다. 그런데 우리가 획득하는 정보 가운데 일차적인 것이 얼마나 될는지요? 학습이라는 것 자체가 축적된 지식을 배우는 것입니다. 우리는 눈앞에서 일어나는 일에

서조차 가끔 착시를 일으킵니다. 이런 혼미 속에서 우리는 지금 이 현실을 이끌어낸 방금 전의 일을 되짚어보게 됩니다. 잘못 전달된 정보와 이에 기반한 재해석의 오류를 피하기 위해서입니다.

현재 한국에는 다양한 불교 종파들이 존재합니다. 불교의 종파 가운데는 화엄종, 법화종과 같이 대승불교의 주요 경전에서 그 이름이 유래된 경우도 있습니다. 또한 불교도라면 대부분 알고 있는『금강경』은 조계종의 소의 경전이기도 합니다.『반야경』,『무량수경』,『유마경』등 내용은 잘 모르더라도 이름만큼은 익숙한 다양한 경전군이 존재합니다. 이렇듯 기독교의 성경이나 이슬람교의 코란과 달리 불교의 경전은 단일하지 않습니다. 심지어 불교 경전들 안에서 서로 다른 메시지를 전하는 경우도 있습니다.

비록 복잡하긴 하지만 인도불교는 초기불교, 부파불교, 대승불교 순으로 이어지는 연대기적 흐름에 따라 전개되었습니다. 하지만 중국불교는 그러한 연대기적 흐름에 따라 전개되지 않았습니다. 중국에서 불교 경전이 번역되던 당시에 이미 인도에는 대승불교 경전이 성립되어 있었습니다. 연대기적으로 차이가 있는 경전들이 비슷한 시기에 뒤섞여서 번역되었던 것입니다. 그 결과 중국에서는 최종 단계의 불교인 대승불교가 자연스럽게 불교도들의 관심을 받게 되었고, 중국에서 불교를 받아들인 우리나라에서도 역시 비슷한 현상이 일어났습니다. 이것은 말하자면 기초 과정을 뛰어넘고 월반을 해버린 것이라고 할 수 있습니다.

　　이러한 환경에서 우리는 오랫동안 니까야의 존재 자체를 모르고 있었습니다. 예전 우리나라의 강원(사찰의 교육을 담당하는 곳)에서는 아함경조차도 부처님을 너무 인간적으로 표현하고 있다는 이유로, 또는 소승불교의 경전이라는 이유로 학습하지 않았습니다. 대승불교의 보살사상과 의례가 발달된 우리나라에서는 성격이 다소 다른 아함경의 내용이 아무래도 거리감 있게 느껴졌던 것 같습니다. 그나마 아함경은 한자로 기록되어 있어서 접근이 수월한 편이었지만, 니까야(Nikāya)는 빨리(Pāli)어라는 성전어로 되어 있어서 조금 더 접근이 어려웠습니다. 불과 20여 년 전까지만 해도 우리나라에서 니까야를 읽으려면 영어나 일본어로 된 문헌을 볼 수밖에 없었습니다. 다행스럽게도 지금 우리는 우리말로 된 니까야를 볼 수 있게 되었습니다. 번역자 분들의 오랜 노고 덕분입니다. 삼장법사라고 불렸던 고대의 역경가들에 대해 당시의 불자들도 이런 고마움을 느꼈겠지요? 이렇듯 니까야는 가장 먼저 성립되었다고 할 수 있음에도 불구하고 가장 늦게 우리에게 왔습니다.

우리는 니까야를 통해 역사적인 붓다를 만날 수 있습니다. 니까야에는 부처님을 시기하는 이들도 나타나고 모함하는 이들도 등장합니다. 감히 부처님께 그럴 수 있나 싶지만, 당시 부처님은 신흥 종교의 지도자 가운데 한 분으로 간주되었으며, 다른 종교 집단에게는 시기와 질투의 대상이 될 수도 있었던 것입니다. 부처님은 그들까지도 순리적으로 납득시키십니다. 부처님은 간절히 기도하지 않아도, 제식을 올리거나 고행을 하지 않아도 모두가 이해할 수 있도록 질문하는 대상의 눈높이에 맞는 답을 주십니다. 재가 신자를 포함해 당시 수행자들이 겪는 일상의 문제들을 현대인에게도 그리 낯설지 않은 익숙한 정서와 합리적인 판단 기준으로 답해 주십니다. 나와 세상에 관한 철학적인 내용이나 수행 과정에 대한 전문적인 내용도 있지만, 어렵지 않게 풀어서 반복적으로 설명해주십니다. 물론 신적 존재들에 대한 묘사도 있고, 현대인의 통념과 거리가 먼 내용도 있지만, 대부분 우리가 가지고 있는 일반 상식에 부합합니다.

니까야는 붓다가 직접 설한 법문이나 초기 제자들에게 전해진 교리를 중심으로 구성되어 있습니다. 그래서 불교의 창시자인 고따마 싯다르타, 즉 붓다의 가르침을 다른 경전에 비해 비교적 원형에 가깝게 담고 있지요. 반면 다른 경전들, 특히 붓다 입멸 후 몇 세기가 흐른 다음 출현한 대승경전들은 보다 철학적이고 방대한 보살의 가르침을 다룹니다. 이 경전들은 대개 초기불교의 교리를 발전시키고 확장한 내용을 담고 있습니다.

빨리어로 기록된 니까야 이외의 다른 불교 경전, 특히 대승불교의 경전들은 주로 산스끄리뜨어로 기록되었습니다. 산스끄리뜨어로 기록된 경전들은 후에 티베트어, 중국어 등으로 번역되었습니다. 중국어로 번역된 경전, 즉 한역(漢譯) 경전들은 동아시아 불교에서 매우 중요한 위치를 차지합니다. 우리에게 익숙한 경전들 역시 대부분 한역 경전입니다. 한역 경전들은 위대한 역경가들이 심혈을 기울여 번역한 덕분에 본래의 의미를 크게 훼손시키지 않았습니다. 또 한역 경전들은 우리와 문화적으로 유사한 중국을 거쳐 전달되어 온 것이기에 우리의 정서에 비추어 크게 생소하지도 않았습니다.

유념해야 할 한 가지는 불경을 기록하는 데 사용된 인도 문자는 표음 문자인 데 반해 한자는 표의 문자라는 사실입니다. 인도인은 고대로부터 언어와 문법에 상당히 엄격했고, 어원을 따지며 의미를 분석하는 학문을 발달시켰습니다. 한 단어를 음절로 분리해서 각 음절에 그 음으로 시작하는 어떤 단어의 의미를 부여해 해석하는 일종의 어원론도 그러한 학문의 한 예였습니다. 그런데 표음 문자로 기록된 불경을 표의 문자인 한자로 번역하려니 문제가 있었습니다. 예를 들어 '달달해서 달고나다'라는 말이 있다고 칩시다. 음을 살릴 수 없는 표의 문자로 이런 말을 옮기기란 쉽지 않은 일입니다.

고유 명사를 옮길 때도 어느 때는 음을 그대로 옮기고 어느 때는 그 의미를 살려 번역했습니다. 부처님의 사촌이지만 부처님을 음해하기도 했던 데바닷따(Devadatta)는 제바달다(提婆達多), 제바달도(提婆達兜) 등으로 음역(音

譯)되었던 한편, 천수(天授)라는 이름으로 의역(意譯)되기
도 했습니다. 데바닷따의 음역된 이름은 '조달(調達)'이라
고 축약되기도 했는데, 현재도 비속어로 쓰이는 '쪼다'라
는 말이 이로부터 유래되었다는 확인되지 않은 설도 있
습니다. 이와 같이 한 사람이 때로는 음역된 이름으로 불
리고 때로는 의역된 이름으로 불리다 보니 그 사람이 마
치 서로 다른 두 사람인 것처럼 느껴질 때도 있습니다. 또
한 풍토와 관습이 다른 인도의 문물을 그대로 옮길 수 없
어 엇비슷한 중국의 문물을 끌어와서 둘러대야 하는 경우
도 있었을 것입니다. 한역 아함경을 통해 전달되는 부처
님 당시의 관습과 일상은 아무래도 중국적으로 상당히 변
용된 것이라고 해야겠지요.

　　제호(醍醐)는 우리나라에서는 약재의 이름으로도 알
려져 있습니다. 이는 '기(ghee)'라는 인도의 유제품을 말하
는데, 일종의 정제 버터입니다. 인도인들은 이를 최고의
음식으로 간주해서 신에게 공양하는 제식(祭式) 음식으
로 사용해왔습니다. 니까야에서는 이 '기'가 다양한 맥락
에서 언급됩니다. 『앙굿따라니까야』에서는 "비구들이여,
소에서 우유가 나오고, 우유에서 커드(요거트)가, 커드에서

크림이, 크림에서 버터가, 버터에서 기가 나오듯이, 비구
들이여, 덕행의 삶은 아라한의 완전한 열매로 이어진다"
라고 했습니다.

　　인도인들은 고대로부터 우유를 즐겼고 여러 가지 유
제품을 만들었습니다. 지금도 인도에는 아침에 직접 짠
우유를 집집마다 배달해주는 사람들이 있습니다. 사람들
은 이 우유를 한소끔 끓인 후에 식혀 커드를 만드는데, 위
에는 언제나 유지방 층이 생깁니다. 이를 일주일 정도 모
아 물과 함께 한참 휘저으면 지게미 같은 것이 생기고, 이
를 덩어리로 뭉쳐놓으면 버터가 됩니다. 기는 이 버터를
낮은 불에 녹이면서 한참을 휘저어야 얻을 수 있는 노란
기름입니다. 한마디로 공이 많이 드는 음식인 것이지요.

　　이 때문인지 우유 – 커드 – 크림 – 버터 – 기에 이르
는 기의 생산 과정은 깨달음으로 이어지는 수행의 점진적
인 단계에 대한 비유로 사용됩니다. 중국인들은 우유 – 커
드 – 크림 – 버터 – 기를 유(乳)–락(酪)–생소(生酥)–숙소(熟
酥)–제호라고 번역했으며, 이들 용어는 불전에 상당히 많
이 등장합니다. 물론 '기', 즉 제호는 중국 문화에 없는 것
이었고, 따라서 중국 역경가들에게는 상상의 산물에 가까

운 것이었습니다. 하지만 그들은 제호가 우유를 가공하는 최종 단계에서 얻어지는 최고의 유제품이라는 것을 이해하고 있었습니다. 그래서 그들은 제호를 최상의 경지, 혹은 모든 가르침들 중에서 가장 뛰어난 부처님의 가르침에 대한 비유로서 사용했습니다. 예를 들어 '제호를 정수리에 붓는다'는 뜻인 '제호관정(醍醐灌頂)'이라는 표현은 불법의 지혜로 사람을 깨우치게 한다는 뜻입니다. 유제품에 익숙하지 않은 중국인들은 '기'를 번역하는 데 고심했을 것입니다.

우리나라 사람들 중에는 불교가 중국에서 비롯되었다고 생각하는 이도 있을 수 있습니다. 우리의 불교가 중국을 통해 들어온 것임을 생각해보면 그렇게 생각한다고 해도 놀라운 일은 아닙니다. 실제로 우리나라 사찰의 나한전에 들어가보면 나한(아라한)들이 모두 중국인의 모습과 의복을 하고 있습니다. 그 외 사찰 미술에 나타나는 인물들 역시 모두 중국인의 모습을 하고 있습니다. 하지만 오백 아라한이나 니까야의 등장인물들은 모두 인도인입니다. 그들의 이름 역시 본래는 한자 이름이 아니라 인도 이름이었습니다. 부처님은 역사적으로 실존했던 인물입니다. 부처님은 출가 전에는 '고따마 싯다르타'라는 이름을 가지고 있었으며, 깨달음 이후에는 '붓다(Buddha)', 곧 '깨달은 자'로 불리며 존경을 받았습니다. 이 '붓다'가 중국에서 음사되어 '불타(佛陀)'가 되었고, 이 '불타'가 우리에게 전해져서 '부처'가 된 듯합니다. 우리는 이 '부처'라는 호칭에 존경의 의미를 담아 '님'을 덧붙여서 흔히 '부처님'이라는 말을 사용합니다. '붓다'라는 말 자체에는 이미 존경의 의미가 담겨 있기 때문에 굳이 '님'을 붙이지 않아도 될 듯합니다. 이 책에서도 부처님과 붓다를 문맥에 맞게 함께 사용하도록 하겠습니다.

니까야에는 부처님 당시 인도의 생활상이 그대로 드러납니다. 우리는 니까야를 통해 역사적인 붓다를 만날 수 있습니다. 니까야에 기술된 부처님의 말씀은 한자로 번역된 다른 경전들에 기술된 내용과 분명 차이가 있습니다. 더운 나라 인도에서는 우유가 하룻밤 사이에 커드, 곧 요거트로 변합니다. 인도인은 이 요거트를 안남미 밥에 얹어 비벼 먹는 것을 즐깁니다. 인도인의 이러한 오랜 식습관을 모르면서 우유에 대한 다양한 비유를 완전히 이해한다는 것은 쉬운 일이 아니었을 것입니다.

고민 해결사 부처님께 직접 듣는다

우리가 바라는 것은 무엇일까요? 행복? 또는 영생? 마냥 행복하기만 한 사람은 거의 없을 것입니다. 모든 것을 가진 사람들에게도 때로는 불안함이 엄습할 때가 있습니다. 적어도 생로병사에서는 자유로울 수 없으니까요. 그렇기 때문에 사람들은 종교에 의존하고자 하고, 성현의 말씀에서 답을 구하고자 합니다. 어떤 나라에서는 사람이 태어났을 때 그 사람의 종교가 이미 정해져 있기도 합니다. 종교를 선택할 수 있는 나라에서 태어났다 하더라도 사람이 선택할 수 있는 종교는 제한적입니다.

종교는 사람들의 가치관과 복장, 식성에까지 두루 영향을 미치기도 합니다. 이렇듯 종교는 그냥 생활이라고 할 수 있습니다. 우리나라 사람들은 종교를 선택할 수 있습니다. 종교를 따르는 방식도 어느 정도 자신이 고를 수 있습니다. 요즘 세상에서는 자신이 원하는 가르침을 인터넷을 통해 유명 종교인으로부터 들을 수도 있습니다. 그런데 종종 혼란이 생길 때가 있습니다. 같은 종교 안에서 서로 다른 말을 하는 것을 발견할 때 그렇습니다. 그래서 우리는 니까야를 읽어야 합니다.

부처님의 가르침이 기록된 니까야는 가장 초기이자 가장 권위 있는 가르침을 담고 있다고 할 수 있습니다. 이를 통해 우리는 당시의 정서나 생활상을 알 수 있고, 부처님의 가르침도 더 생생하게 만날 수 있습니다. 또한 이를 통해 불교의 기본 원리와 교리에 접근할 수 있습니다. 우리에게 알려진 근본 교리는 부처님 열반 이후 후대에 체계적으로 정비되어 전승된 것입니다. 그래서 종파별로 해석과 분류 방식이 다른 경우가 있습니다. 니까야에서도 가장 초기에 나타난 경전 가운데 하나로 알려진 『숫따니빠따』에는 초기불교의 핵심 교리라고 알려진 '오온'과 같은 개념이 정리된 형태로 등장하지 않습니다. 또한 니까야에서는 유명한 십이연기설(十二緣起說)도 경마다 다르게 나타나는 경우가 있습니다. 우리는 이러한 실례를 통해 니까야 안에서도 경전의 성립 과정이 다르다는 것을 알 수 있습니다. 그 가운데 어떤 경전들은 교리가 정비되기 전의 부처님의 원음을 그대로 담고 있다고 보고 있습니다.

니까야는 수행과 해탈을 위한 구체적이고 실천적인 지침을 제공합니다. 반면 대승경전들은 보살행, 중생구제, 반야(般若)·공(空) 사상 등 보다 확장된 교리와 개념을 다루는데, 이는 포괄적이고 다양한 수행 방법과 철학적 논의로 이어집니다. 니까야에는 대중에게 설한 비교적 짧고 직접적인 법문들이 많은데, 이는 쉽게 이해하고 실천할 수 있는 가르침인 경우가 대부분입니다. 무엇보다 니까야는 부처님 시대를 살았던 사람들이 고민했던 문제가 무엇이었는지, 부처님께서 그들의 문제를 어떻게 치유했는지 그 배경과 과정을 알 수 있게 하는 여러 에피소드를 담고 있습니다. 부처님이 첫 설법에서 중도(中道), 사성제(四聖諦), 팔정도(八正道)를 순차적으로 설한 배경도 이를 통해 유추하고 이해할 수 있게 됩니다. 불교의 대표적 사상인 연기설(緣起說)과 무아설(無我說) 역시 당시의 시대상, 특히 종교계의 상황을 알면 좀 더 쉽게 이해할 수 있습니다.

부처님 당시 인도 종교는 크게 두 흐름으로 나뉘어 있었습니다. 하나는 '신과 함께하려는 이'들이었고, 또 하나는 '인간의 힘을 믿는 이'들이었습니다. 이들 가운데 자신의 목적을 성취한 사람들이 얼마나 있었는지는 정확히 알 수 없습니다. 『율장(Vinaya)』「대품(Mahavagga)」에는 분명히 세상에 부처님을 포함해 6명의 아라한이 있게 되었다고 기록되어 있습니다. 곧 부처님처럼 될 수 있다는 것입니다. 니까야는 깨달음을 향해 가는 이들에게 지침이 될 수 있는 실천법을 제시합니다. 이는 수행법이라고도 말할 수 있지만, 꼭 그렇지 않더라도 윤리적 행위, 더불어 생활하는 법, 이익이 되는 삶 등에 대해 안내합니다. 아울러 수행자의 삶에 필수적인 실용적인 조언과 철학적 통찰을 제공합니다.

니까야는 붓다가 실존했을 당시의 시대상과 사회상을 체감할 수 있게 해주고, 제자 및 신도들과의 유대와 상호 작용을 비롯해 고대 인도의 사회문화적 환경에 대한 역사적 맥락을 제공합니다. 니까야를 통해 우리는 불교만이 보유하고 있는 고유한 교리들이 어떤 역사적, 사상적 배경에서 도출되었는지를 명확히 알 수 있습니다. 붓다는 자아에 집착하는 제자를 호되게 야단치기도 합니다. 또한 오만한 브라만에게 교훈을 주기도 합니다.

우리가 아는 모든 불상의 부처님은 언제나 솟아오른 정수리에 곱슬머리를 하고 있습니다. 우리는 이를 각기 육계(肉髻)와 나발(螺髮)이라고 부릅니다. 하지만 역사적 붓다는 삭발을 했습니다. 한때 강변의 어느 나무 밑에 앉아 있던 붓다는 멀리서 자신을 브라만으로 오인하고 다가오는 어떤 브라만을 발견합니다. 붓다는 머리까지 걸치고 있던 가사를 내려 자신의 삭발한 머리를 그 브라만에게 보여줍니다. 이에 브라만은 '까까머리(Muṇḍo)'라고 중얼거리며 붓다가 사문임을 알아차립니다. 이는 『숫따니빠따』에 나오는 에피소드로, 당시 사문과 신흥 종교로서의 불교의 위치를 알 수 있게 하는 장면입니다. 제사에 올린 성스러운 공물을 어떤 고귀한 자에게 공양하려던 브라만의 마음을 읽은 부처님은 그가 자신과 같은 브라만을 찾는 것을 알고 일부러 삭발한 머리를 보여주었던 것입니다. 이 브라만은 다소 실망하지만 삭발한 이들 가운데서도 브라만 출신이 있음을 상기하고 기꺼이 부처님께 공양을 올리려 합니다. 창시된 지 2천5백 년이 넘은 가장 오래된 세계 종교인 불교도 한 때는 신흥 종교였고 기존 종교의 텃세에 시달렸다는 사실을 알고 계셨나요?

니까야를 공부하면 괴로움[苦, dukkha]의 본질과 이로부터 벗어나는 방법에 대한 명료한 가르침을 배울 수 있습니다. 또한 중도, 사성제, 팔정도와 같이 부처님의 최초 설법인 「초전법륜경」에 나타난 핵심 불교 교리를 명확히 이해하는 데도 도움을 받을 수 있습니다. 그 외에도 '나'와 세상이 어떻게 연결되며 이 세계는 어떻게 펼쳐지는지를 설명하는 연기설, 이런 세상에서 '나'라고 간주할 만한 존재가 어떤 식으로 작용하는지에 대한 다소 철학적인 논의도 접할 수 있습니다. 어떤 교리는 후대에 사상적으로 예기치 않은 방향으로 전개되는 경우도 있습니다. 니까야는 이러한 전개가 일어나기 이전의 불교 교리를 확인시켜 줍니다.

한때 불교는 주지적이며, 엘리트를 위한 종교라는 비판을 받기도 했습니다. 사실 불교가 발생할 무렵 지식이라고 간주되었던 많은 것들이 형이상학이었다는 것을 감안한다면, 이에 반하는 신흥 종교였던 불교의 입장에서는 이런 비판이 억울할 수도 있습니다. 불교가 주지적이라는 비판 자체가 잘못된 것인지, 아니면 주지적 성격의 불교가 붓다의 본래 가르침(buddha-vacana)과는 다른 것인지 확

인해 볼 필요가 있습니다.

　니까야를 통해 볼 때, 경험할 수 없고 검증할 수 없는 지식에 대한 붓다의 입장은 확고한 것이었습니다. 특히 독화살의 비유로 유명한 「쭐라말룽꺄 경」에서 붓다는 형이상학적인 문제에 대한 탐닉에 대해 경종을 울리고 있습니다. 이 경에서 말룽꺄뿟따(Māluṅkyaputta)라는 비구가 부처님에게 우주가 영원한지 아닌지, 영혼과 몸이 같은지 다른지, 죽은 후에 여래에게 무슨 일이 일어나는지와 같은 일련의 형이상학적인 질문을 합니다. 그러자 부처님은 독화살에 맞았으면서도 화살을 뽑을 생각은 안 하고 그 화살을 쏜 사람은 누군지, 또 그 화살은 어떤 화살인지와 같은 의문만 풀려고 하는 어떤 사람의 이야기를 들려줍니다. 부처님은 삶의 고통을 해결하지도 못했으면서 형이상학적인 문제에만 골몰하는 것은 독화살을 맞았으면서 화살을 뽑을 생각은 하지 않고 엉뚱한 의문에만 골몰하는 것과 같다고 이야기합니다. 부처님은 독화살을 맞은 사람이 엉뚱한 의문에 매달리는 것이 그의 회생에 도움이 되지 않는 것처럼, 형이상학적인 의문에 매달리는 것 역시 도를 닦고 해탈을 이루는 데 도움이 되지 않는다고 이야기합니다.

이 이야기는 부처님의 실용적인 접근 방식을 보여줍니다. 초월적 절대자와의 합일을 희구하거나 난해한 형이상학적 문제를 탐구하기보다는 당장 나를 괴롭히는 발등의 불을 끄는 것이 더 시급하겠지요. 그래서 불교는 탐욕과 시기심, 분노와 어리석음 등 나를 늘 불만족의 상태로 몰아가는 심리적 작용을 다스리고, 몸과 말과 마음을 청정하게 하는 것을 강조했습니다. 하지만 초기불교 이후 부파불교 시대부터 만들어진 여러 논서와 주석서에서는 심오한 논의와 복잡한 분석이 행해지게 됩니다. 형이상학적 논의보다는 고통으로부터의 벗어남 자체를 중시하는 초기불교의 본래 입장에도 불구하고 불교가 주지적이고 엘리트를 위한 종교라는 오해를 받게 된 것은 아마도 부파불교 시대부터 나타난 이러한 경향 때문이 아닐까 합니다.

『금강경』, 『화엄경』, 『법화경』 등 유명한 경전의 이름에 익숙한 우리에게 '니까야'라는 명칭은 다소 생경합니다. 니까야는 단일 경전이 아니라 경전들의 묶음을 말합니다. 우리가 아는 많은 경전들이 대승경전이고 한자로 되어 있으므로 인도식 명칭이 나타나면 다소 혼란스럽기도 합니다. 하지만 익숙한 인도어도 있습니다. 바로 진언입니다. 우리 모두 알고 있는 정구업진언 '수리수리 마하수리 수수리 사바하'가 그 예입니다. '고귀하구나 고귀하구나 아주 고귀하구나 정말 고귀하구나 평화롭기를'이라는 뜻으로, 축복의 의미를 담고 있습니다.

우리는 불교 의례 중에 때로는 꽤 긴 진언을 합송하기도 합니다. 의미는 잘 모르겠습니다. 가끔 아는 단어도 나타나지만 인도 고대어인 산스끄리뜨어에 대한 이해가 조금은 있는 필자도 도저히 뜻을 알 수 없는 것이 많습니다. 이들은 원래의 소리 그대로 다른 문화권에 전달되면서 본래 뜻이 어떠한지도 모르는 채 유포되었습니다. 이러한 진언은 주로 실담 문자라고 하는 고대 인도에서 사용되었던 문자로도 통용되었는데, 동아시아에서는 부적에 쓰인 성스러운 문자로 간주되기도 했습니다.

이렇듯 우리는 불교에서 인도를 따로 분리시킬 수 없습니다. 소리의 힘과 의례를 중시하던 문화적 전통은 인도에서 불교가 발생하기 훨씬 이전부터 존재했습니다. 따라서 방대한 분량의 니까야가 불제자들이 모여 합송으로 전승한 것이라는 사실은 놀라운 일이 아니지요.

니까야는 그냥 경전이 아닙니다. 불교를 가지가 여러 방향으로 뻗어 있는 거대한 고목이라고 상상해보십시오. 이 나무의 중심, 뿌리 깊은 곳에는 나무 전체에 영양을 공급하는 가르침의 모음집인 니까야가 있습니다. 니까야를 이해하는 것은 이 나무가 자라난 근본을 아는 것과 같습니다. 니까야는 우리에게 부처님의 본래 말씀을 전달함으로써 우리를 부처님의 지혜와 직접 연결시켜 줍니다. 니까야는 우리에게 고(苦)의 본질을 이해하는 법, 고에 대처하는 법, 세상을 이해하는 법, 내면의 평화와 명료함으로 이끄는 길을 걷는 법과 같이 반드시 필요한 지침들을 가르칩니다. 요컨대 불교를 정말로 이해하려고 한다면 니까야에서 그 청사진을 찾을 수 있습니다.

평안을 추구하지만 그냥 편하게 믿지 못하는 성품인 사람들은 한발 한발 자신이 내딛는 걸음에 신경을 집중하며 선지자가 지나간 길을 밟아가려 합니다. 붓다가 되고자 하는 사람이 부처님의 가르침에 대한 이해가 없다면 지도 없이 길을 찾으려는 사람과 같습니다. 니까야는 윤리적이며 현명한 삶을 사는 방법에 대한 일상적인 조언을 제공합니다. 니까야는 단지 학자나 승려만을 위한 것이 아닙니다. 니까야는 다른 모든 가르침의 기초가 되는 네 가지 성스러운 진리인 사성제(四聖諦)나 여덟 가지 바른 길인 팔정도(八正道)와 같은 기본 교리를 제시합니다. 이는 부처님께서 첫 법문에서 설한 내용이기에 공식적인 첫 가르침이라고 할 수 있습니다. 고따마 싯다르타라는 왕족 출신 수행자가 깨달음을 얻어 붓다가 된 이후 첫 제자들에게 설한 내용입니다.

　　부처님이 걸은 그 길을 따르고자 하는 사람들, 혹은 단순히 더 나은 사람이 되려고 노력하는 사람들을 위해 니까야는 실질적인 방법을 제시합니다. 니까야는 붓다의 길을 이해하는 바로 그 기초이자 안내서라 할 수 있습니다. 우리가 사는 세상과 똑같은 세상에서 생로병사의 고해(苦海)를 거쳤던 부처님으로부터 나온 가장 직접적인 말씀과 가장 따르기 쉬운 방법을 우리는 니까야에서 찾을 수 있습니다.

2

니까야는
왜
만들어졌을까

자유를 찾아 나선 사람들

필자는 인도에서 유학 생활을 했습니다. 유학 전에도 인도를 배낭여행한 적이 있었습니다. 남인도의 힌두 사원을 방문했는데 입구에서 출입을 거절당했습니다. 힌두교도가 아니라 안 된다는 것이었습니다. 멀리 외국에서 온 방문객이 딱해 보였는지 어떤 사람이 저를 누군가에게 데리고 갔습니다. 가부좌를 틀고 앉아 있던 그는 저를 물끄러미 쳐다보더니 이마에 빨간 점을 찍어주었습니다. 이제 출입할 자격이 생겼답니다. 감사의 합장을 하고 돌아서는데, "웨잇 어 미닛(Wait a minute)!" 그는 100루피를 요구했습니다. 힌두 성자의 모습을 하고 있던 그는 그 사원 소속 요리사였음이 나중에 밝혀졌습니다. 한참 후에야 알게 된 사실이지만 사제 계급인 브라만 카스트 가운데 요리사도 많다고 합니다. 요리사는 같은 계급이나 상위 계급이 해주는 요리를 선호하는 인도인에게 각광 받는 직업이라고 하네요.

우리에게 카스트라고 알려진 인도의 사회 계급은 인종주의와 문화적 배타주의의 색채가 농후합니다. 기원전 1500년 무렵 인도 북서부 지역으로 들어온 유목민 침입자 아리안족은 자신들의 혈통과 문화에 대한 높은 자부심이 있었습니다. 여러분이 떠올리는, 나치 독일이 왜곡했던 그 아리안이 맞습니다. 히틀러가 그토록 자랑스러워했던 아리안의 선조들은 중앙아시아의 코카서스 지역에서 유목인으로 생활하다가 어떤 이유에서였는지 계속 동남쪽으로 이동하여 인도 아대륙에 진입하게 됩니다.

아리안이라는 말은 산스끄리뜨어 '아리야(arya)'에서 유래했는데, 이 말은 '고귀한', '문명화된' 등의 의미를 담고 있습니다. 인도에서 본래 카스트를 의미하는 말은 바르나(varna)입니다. 이는 색깔을 의미합니다. 인도의 신분 제도는 처음부터 인종주의를 근간으로 하고 있었던 것이지요. 그래서 그런지 지금도 인도에서 항공편이나 기차의 일등석으로 여행을 하면 얼굴색이 밝은 사람들을 많이 보게 됩니다. 반대로 삼등칸이나 슬럼가 등에서 만나는 사람들은 피부색이 어둡습니다. 물론 잘 먹고 잘 사는 사람들은 뙤약볕 밑에서 일할 리가 없으니 상대적으로 피부색이 밝겠지요. 모두 그런 것은 아니지만 인도에서는 피부색만 봐도 어느 정도 카스트를 짐작할 수 있는 것이 사실입니다. 아직도 카스트가 유효하다는 것도 슬프지만 이 신분 제도가 인종주의와 결부되어 있다는 것이 더 참담합니다.

인도에는 찬란했던 인더스 문명이 있었습니다. 하지만 아리안족이 인도로 진입할 무렵 이미 상당히 쇠퇴해 있었지요. 현대 학자들은 기후 변화가 쇠퇴의 원인이라고 추정하기도 합니다만 정확한 원인은 알 수 없습니다. 아리안족은 기존의 원주민들을 어렵지 않게 제압했습니다. 그리고 그들은 정복자로서 그들의 다신교 종교 전통을 확립하고 베다라는 종교 문헌을 만들어 자신들의 기득권을 탄탄히 하는 데 적극 활용했습니다. 제사를 관장하는 제관(祭官)인 브라만은 인간과 신을 매개한다는 자신들의 지위를 극대화하여 스스로를 카스트의 최정점에 올려놓았습니다. 브라만 계급이 왕족인 끄샤뜨리야 계급보다도 우위에 있었던 것이지요. 이 정도면 브라만의 위세가 어느 정도였을지 짐작이 가지요?

기원전 6세기 무렵, 농경 문화가 정착하면서 인도 사

회에서는 도시화가 진행되었고 계층 간의 격차가 더욱 분명해졌습니다. 이 무렵 갠지스강 유역의 북인도에는 부모로부터 사제 신분을 물려받은 브라만 계급뿐만 아니라, 다양한 계급 출신으로 이루어진 또 다른 지식층이 출현합니다. 이 지역의 문화는 인도 서부에 중심을 둔 베다 문화와는 상당히 달랐습니다. 고행을 중시했던 자이나교뿐만 아니라 사명외도로 알려진 운명론자인 아지비까(Ājivika)도 이 가운데 하나였습니다. 그들이 바로 슈라마나(śramaṇa)였는데, 이들은 출신 계급과 무관하게 세속적인 삶을 포기하고 탁발 걸식하는 유행자(遊行者)의 삶을 영위했습니다. 이들 두 그룹은 한역 아함경에 각각 '바라문(婆羅門)'과 '사문(沙門)'으로 음역되어 등장합니다. 우리나라의 원효 스님도 스스로를 사문으로 불렀을 만큼 사문이라는 말은 오래 전부터 우리나라에 알려진 명칭입니다.

이 시기에는 새롭게 부를 축적한 자산가들도 등장했습니다. 그들을 빨리어로 '가하빠띠(gahapati)'라 하는데, 한역 아함경에는 주로 '장자(長者)'라고 번역되어 있습니다. 배부르고 등 따시면 딴 생각한다는 말이 있지요? 이들은 은근 브라만들이 얄미웠나 봅니다. 힘들게 일하지도 않으면서 계급 체계의 최정상에서 잘난 척하며 호의호식하는 것 같았으니까요. 이러한 사회 분위기 속에서 점차 브라만의 지배에 대한 반감이 생겨나기 시작했습니다.

천상의 신과 그들의 대행자 브라만, 그리고 무력을 장악한 왕족으로부터 소외되었던 사람들 가운데 재산과 세력을 늘리고 있었던 장자들은 자신들을 제압하는 이들보다는 자신들의 고민을 해결해주고 자신들을 실질적으로 더 높은 차원으로 이끌어줄 수 있는 누군가를 고대하게 되었습니다. 이러한 그들의 정서적 허망함은 당시의 종교 문헌들이 인간 존재의 덧없음을 강조하고 있는 데서도 드러납니다. 이는 갠지스강 유역에서 살아가던 이들의 전반적인 심리 상태를 시사하며, 그들을 출가의 길로 인도하는 주된 요소로 작용했습니다. 출가자들 중에는 고행을 하는 이들이 많았으며, 독신주의와 탁발 걸식 등도 수행자의 덕목이었습니다.

이후 마우리아 왕조의 유명한 아쇼까왕이 등장하여 영토를 확장하게 됩니다. 이로 인해 바라문교가 맹위를 떨치던 인도 서부 지역에 갠지즈강 유역을 기반으로 했던 사문주의가 전파되면서, 두 문화는 대립하는 동시에 동화되게 됩니다. 이러한 상황을 배경으로 불교는 풍부한 철학 사상을 갖추게 됩니다. 또한 당시 이 지역의 브라만교 사상은 불교와 자이나교 등의 업보윤회 사상의 영향을 받게 됩니다. 브라만교는 수 세기에 걸쳐 이 사상을 배격하려 했지만 결국 수용하게 됩니다. 업보윤회에 대한 이야기는 다음 장에서 설명될 것입니다.

흔히들 인도 문화의 철학적·사상적 토대를 제식을 중시하는 베다에서 찾곤 합니다. 하지만 인도의 대표적 상징 중 하나라고 할 수 있는 수행과 명상 문화는 선사 시대에도 이미 있었던 것으로 보입니다. 인도학자들에 따르면 떠돌아다니는 고행자와 요가 수행자는 베다 이전 시대부터 존재했는데, 이들을 베다에서는 '무니(muni)'라고 불렀고 부처님 재세 시에는 '슈라마나'라고 불렀다고 지적합니다. 또한 인도학자들은 그들의 연원을 기원전 1500년 무렵인 아리안의 침입 이전까지 끌어올리고 있습니다. 이들에 대한 산스끄리뜨어 명칭인 '슈라마나'는 빨리어로는 '사마나(samaṇa)'라고 하는데, 문자 그대로의 뜻은 '노력하는 사람'입니다. 이들 슈라마나의 기원에 대해서는 다양한 설이 있습니다. 베다의 기존 제식주의에 저항하는 새로운 종교 운동이라는 설, 아리안 유입 이전에 살았던 원주민의 문화에서 기원했다는 설, 갠지스강 유역을 기반으로 한 토속 문화에서 유래했다는 설 등이 그것입니다. 그 기원이 어떻든 간에 한국불교 전통에까지 깊숙이 들어온 슈라마니즘(shramanism, 沙門主義)은 자유로운 사상과 개인의 수행이 중시되는 삶을 이상적으로 간주했던 것으로 보입니다.

니까야에서 사마나는 비불교도 수행자를 부르는 호칭으로 사용되기도 했지만, 붓다 역시 종종 비불교도들에게 사마나로 불렸습니다. 당시 사문이 이끈 다양한 신흥 사상들은 실질적인 삶의 문제 해결을 갈구하는 대중들의 요구에 응하고자 했습니다. 이 신흥 사상은 제식을 통해 투영되었던 신의 절대적 권능과 이를 관장하는 사제 계급의 절대 권력에 반기를 들었습니다, 이로 인해 신적 존재 자체를 부정하는 유물론적 사고뿐만 아니라 현실의 고를 합리화시키는 윤회 사상을 부정하는 신흥 사상까지 대거 등장하게 되었습니다. 사문은 수행 방식이나 외모에 따라 현자(muni), 삭발승(muṇḍaka), 출가유행자(paribbājaka), 고행자(tapasvin) 등으로 다양하게 불렸습니다. 당시 뜻 있는 남성들이 많이 출가했다고 하는데, 이렇게 출가는 일종의 유행처럼 갠지즈강 유역에 퍼져갔습니다. 고따마 싯다르타도 그 가운데 한 명이었습니다. '석가모니'라는 명칭은 사끼야(Sakya) 또는 삭까(Sakka)족의 현자라는 뜻의 '사끼야무니(Sakyamuni)'를 음사한 것입니다. 우리는 초기불전에서 다른 수행자들이 부처님을 사문 고따마라고도 불렀음을 확인할 수 있습니다.

이들 사문들은 베다 전통과는 달리 치열한 논쟁을 펼치기도 했습니다. 당시의 인도에는 마치 중국 무협지에 나오는 무림의 고수와 같은 유명 수행자와 사상가들이 있었습니다. 사상가들은 수행을 병행하기도 했는데, 이들은 스승과 제자로 모여 '상가(saṅgha, 僧伽)'라는 공동체를 이루었습니다. 가끔 왕이나 지역의 유지들이 이들을 초빙하여 일종의 논쟁 대회를 열기도 했는데, 논쟁의 승자에게는 큰 포상이 있었고 패자에게는 수치와 굴욕이 따랐습니다. 우리에게 익숙한 육사외도 등도 불교의 관점에서 보았을 때 외도일 뿐 당시에는 상당히 명망 있던 종교 지도자들이었습니다. 이러한 현상은 인도사에서는 물론 세계사에서도 특이한 일이었습니다. 지구 곳곳의 문명사회에서 인문학적 각성이 일어났던 이 시기를 칼 야스퍼스(Karl Jaspers)는 '기축시대'라고 명명했는데, 불교 역시 바로 이 시기를 배경으로 하여 일어났습니다.

이 당시 인도 종교 사상계의 열띤 분위기는 불교나 자이나교의 문헌에도 남아 있습니다. 불교와 동시대에 발생한 자이나교의 문헌에는 수행자의 난립을 비판하는 다음과 같은 구절이 있습니다. "머리를 삭발한다고 사문이 되는 것이 아니며, '옴'을 염한다고 바라문이 되는 것이 아니다. 숲속에 산다고 현자(muni)가 되는 것이 아니며, 길상초로 된 옷을 입는다고 고행자가 되는 것이 아니다." 불교의 『담마빠다』는 당시 바라문과 사문 계열의 수행자들을 다음과 같이 비판합니다. "땋은 머리, 가문, 출생에 의해 바라문이 되는 것이 아니다. 진리와 정의가 있는 자, 청정한 자, 그가 바로 바라문이다. 너의 땋은 머리가 무슨 소용이란 말인가? 무지한 사람아. 너의 사슴 가죽 옷이 무슨 소용이란 말인가? 안에는 열정만이 가득하고, 밖으로는 꾸미고만 있구나." 『숫따니빠따』는 다음과 같은 구절을 통해 사문의 본래 역할이 은둔과 수행임을 강조합니다. "홀로 앉아 명상을 닦고 수행자로서의 수행을 배우라. 홀로 있는 데서 기쁨을 찾아라. 홀로 있는 것이 해탈의 길이라고 불린다."

　사문은 베다의 권위에 지배되지 않는 자유사상가로서, 베다의 제식주의와 권위주의를 거부했습니다. 그럼에도 바라문에 의해 형성된 기존의 사회 질서에 적극적으로 저항했던 것으로는 보이지 않습니다. 그러나 그들은 신을 향한 숭배나 제식이 우리를 삶의 고통에서 해방시켜주지 못한다는 것을 분명히 알고 있었습니다. 육사외도라고 알려진 붓다 당시 유명 사문들의 이름과 사상은 「사만냐팔라 경(사문과경)」에서 엿볼 수 있습니다. 그들은 유물론자, 숙명론자, 도덕파괴론자, 요소상주론자, 불가지론자, 그리고 자이나 수행자 등입니다. 흥미로운 점은 그들의 사상이 혁신적인 것에 비해, 그들의 수행관은 어찌 보면 단출했다는 것입니다. 브라만교와의 차별성을 부각하고 싶어서였을까요? 그들은 극단적인 금욕과 고행을 행했으며 주로 은둔 생활을 유지했습니다. 깨달음 이전의 고따마 싯다르타 또한 이러한 사문의 길을 따랐고, 그 시대 정신에 보조를 맞추었습니다.

인도의 암송 문화와 니까야의 문서화

인도에는 아주 오래전부터 암송 문화가 있었습니다. 인더스 문명 이후, 아리안의 침입 이래 인도 문화는 바라문교로도 알려진 브라마니즘(Brahmanism)을 중심으로 하여 전개되었습니다. 이 종교는 다양한 신들을 섬겼으며, 브라만 사제 계급을 왕족보다 우위에 올려놓을 정도로 신에게 바치는 제사를 중시했습니다. 불교가 발생할 당시도 다르지 않았습니다. 브라만들은 전문 종교인이었지만 대부분 결혼을 했습니다. 신성한 베다의 지식을 세습하고, 가계를 지켜나가는 것이 그들의 종교적·사회적 의무였기 때문입니다. 브라만들은 자신의 아들이나 제자들에게 자신이 기억하고 있는 베다의 지식을 암송을 통해 전수했습니다. 반면 불교 승려들은 승가에서 출가 공동체 생활을 하며 부처님의 가르침을 합송을 통해 전승했습니다.

　인도인들은 전통적으로 소리의 힘을 신뢰했습니다. 그래서 진리는 소리로 전수되어야 한다고 생각했습니다.

불교 경전보다 훨씬 오래된 베다 문헌도 암송으로 전승되었습니다. 사실 브라만들은 주로 신에 대한 찬가나 제사와 관련된 지식으로 이루어진 베다를 암송하는 데 특화된 사람들이었습니다. 베다에는 언어, 즉 소리를 관장하는 신도 있었습니다. '바쯔(Vāc)'라는 여신입니다. 산스끄리뜨어는 유럽어와 뿌리가 같다고 할 수 있는데, '바쯔(Vāc)'라는 말 자체는 우리에게 익숙한 '어휘'를 의미하는 영어 단어 'vocabulary'와도 관련이 있습니다. 사제 계급인 브라만은 대를 이어서 자신의 가계에 부여된 베다를 암송으로 전수했습니다. 그들은 주로 아들에게 또는 제자들에게 암송된 지식을 세습하면서 자신들의 신분을 유지했던 것입니다. 인도인의 암기력은 현대에도 유명합니다. 구구단을 십구단까지 외우는 것으로도 유명합니다. 언젠가 굳이 그럴 필요까지 있느냐는 제 지적에 인도인 공학자 친구는 이렇게 말했습니다. "계산기 두드리는 시간보다 머리에서 바로 튀어나오는 것이 더 빠르지 않나?" 언어와 암기에 대한 인도인의 특화된 능력은 이렇듯 그들의 종교 문화와 깊은 관련이 있습니다.

　붓다의 열반 이후, 그 가르침 또한 구전으로 전승되

었습니다. 불교 승단에는 부처님의 입멸 직후에 이미 혼란의 조짐이 보이기 시작했습니다. 한 비구가 부처님이 안 계시니 우리 마음대로 살자는 말을 했던 것입니다. 이에 놀란 마하깟사빠(마하가섭)는 부처님의 말씀을 보존할 것을 결심합니다. 그래서 그해 안거 기간에 경전을 편찬하기 위해 500명의 아라한을 소집하여 '결집'을 단행합니다. 부처님의 가르침을 가장 많이 들었고 기억력이 탁월했던 인물은 부처님의 시자였던 아난다(아난)였습니다. 하지만 아난다는 결집 직전까지 아라한과를 얻지 못했기에 결집에 참가할 자격이 없었습니다. 다행히 아난다는 결집 당일 새벽에 아라한과를 성취하였고, 덕분에 결집에 참가할 수 있었습니다. 결집은 아난다가 부처님의 가르침을 낭송하면 다른 아라한들이 이를 검증하고, 이렇게 확정된 내용을 합송하는 방식으로 진행되었습니다. 계율을 가장 잘 지키던 우빨리(우바리)도 같은 방식으로 합송하여 율을 결집하게 됩니다. 이를 제1차 결집이라고 합니다. 이렇게 해서 경장(經藏)과 율장(律藏)이 성립되었습니다. 우리가 니까야라고 부르는 것은 바로 이 경장입니다. 보통 4부 니까야라고 하는데, 이는 주로 경전의 길이, 주제, 주요 주제의 숫자 등으로 분류한 명칭입니다. 4부 니까야에 '잡부' 또는 '소부'라고 불리는 『쿳다까니까야』를 더해 5부라고도 하는데, 첫 결집에서부터 이렇게 정형화되어 전승된 것 같지는 않습니다. 5부 니까야는 다음과 같습니다.

『디가니까야(Dīgha Nikāya)』
긴 경(sutta)으로 구성됨. 모두 34경.

『맛지마니까야(Majjhima Nikāya)』
중간 길이의 경으로 구성됨. 모두 152경.

『상윳따니까야(Saṃyutta Nikāya)』
주제에 따라 조직된 경으로 구성됨. 모두 2889경.

『앙굿따라니까야(Aṅguttara Nikāya)』
논의되는 교리 항목이 수에 따라 배열된 경으로 구성됨. 모두 2198경.

『쿳다까니까야(Khuddaka Nikāya)』

다른 네 가지 니까야에 포함되지 않은 문헌으로 구성됨. 모두 15문헌.

경전들은 제2차 결집(기원전 약 4세기) 등 여러 차례 결집을 통해 더욱 체계적으로 정리되었습니다. 이 시기까지도 경전은 여전히 구전 형태로 승가 내에서 전해졌습니다. 이후에 있었던 제3차 결집(기원전 3세기)은 아쇼까왕과 관계가 있습니다. 그는 승단의 분열을 진압하고, 『까타밧투(Kathāvatthu)』라는 논서를 결집에 포함시키며, 분별설부가 정통 부처님의 가르침을 따른다고 선언합니다. 그리고 비구와 비구니가 된 자신의 자녀들을 스리랑카에 보내 불교를 전파하게 합니다. 이 일로 불교는 인도라는 울타리를 넘어 세계 종교로 발돋움하게 됩니다. 이후 기원전 1세기경, 스리랑카의 승가는 빨리어로 된 경전을 최초로 문서화합니다. 아누라다뿌라 왕국 시기에 이루어진 이 작업은 불교사적으로 매우 중요한 사건이었습니다. 구전 전승의 한계를 넘어 경전을 안전하게 보존하기 위해 경전의 문서화는 반드시 필요한 작업이었습니다. 정치적 혼란과 자연 재해로 인해 구전 전통이 위태로워지고 있던 이 무렵은 그러한 작업을 하기에 적절한 때였습니다.

니까야가 최초로 문서화되었을 당시 스리랑카는 불교의 중심지 중 하나였습니다. 이 지역의 승려들이 수행한 문서화 작업은 다양한 요인에서 비롯된 것으로 추정됩니다. 지금의 인도가 22개의 공식 언어를 갖고 있는 만큼, 당시 인도에서도 불교의 가르침은 다양한 언어로 유포되어 있었을 것입니다. 이슬람교가 교리의 변질을 우려한 나머지 코란의 번역조차 금기시했던 데 반해, 부처님은 언어에 구애받지 말고 자신이 사용하는 언어로 불법을 전도하라고 가르쳤습니다. 스리랑카 또한 싱할리어라는 자신들의 언어를 가지고 있었습니다. 현재는 대부분 유실되었지만 니까야에 대한 다양한 싱할리어 주석서도 존재했다고 합니다. 아마도 자국의 일반 신도들에게 부처님의 가르침을 전파하는 데 있어서 계속 인도에서 유래한 언어만 고집하기는 어려웠을 것입니다. 이렇듯 부처님의 가르침이 전문적인 승려 집단뿐만 아니라 일반 신도들에게도 전파되면서 불교의 본래 가르침이 왜곡되거나 상실될 가능성에 대한 우려가 생겨났습니다. 또한 당시의 승려들은 미래의 승려들이 충분한 암기 능력을 갖지 못한다면 전승에 오류가 생기거나 전승 자체가 상실될 수 있다는 걱정도 했던 것 같습니다. 스마트폰에 길들여진 요즘 사람들이 가족의 전화번호마저 외우지 못하는 것을 떠올려보면 납득이 갑니다.

스리랑카에서 패엽경이 만들어진 시기는 밧따가마니 아바야왕의 통치 기간(기원전 29~17년)이었습니다. 당시는 무척이나 혼란스러운 시기였습니다. 외부의 침략과 내부의 분쟁에 의해 상가와 불법이 위협을 받았고, 대기근까지 찾아왔습니다. 상황이 이러했던 만큼, 부처님의 가르침을 문서로 보존해야 할 필요성이 커졌습니다. 더욱이 인도에서 근본 분열이 있었던 것처럼 스리랑카에서도 다양한 불교 종파가 등장하면서, 부처님의 본래 가르침이 흩어지고 단편화될지 모른다는 걱정도 깊어졌습니다. 마침 스리랑카에서는 종려나무 잎과 같은 재료에 글을 쓰는 기술이 보편화됨에 따라 많은 양의 글을 기록할 수 있게 되었습니다. 종교 문헌을 작성하는 데 적합한 문자가 개발되고 승려들 사이에 읽고 쓰는 능력이 확산되면서, 구두 전달에서 문자 전달로의 전환도 촉진되었습니다. 무엇보다도 든든한 왕실의 지원이 있었는데, 밧따가마니 아바

야왕이 경전의 문서화 작업을 적극 후원했던 일이 그것이었습니다. 덕분에 그의 재위 기간은 구전으로 전해지던 가르침이 공식적으로 문자화되는 중요한 시점이 됩니다.

인도인이 아무리 기억력이 좋고 언어적 능력이 탁월한들 니까야가 인도 밖에서 문서화되지 않았다면 불교는 세계적 보편 종교로 살아남지 못했을 것입니다. 현재 인도에서 불교는 쇠멸한 종교로 간주됩니다. 물론 명맥을 이으려는 미미한 움직임이 있긴 하지만 전통적 의미의 불교는 더 이상 인도에 존재하지 않는다고 해도 틀린 말이 아닙니다. 스리랑카와 중국에서 부처님의 가르침이 문서화되고 책으로 묶이게 되면서 불교는 두 가지 전통을 갈래로 하여 전파되었습니다. 한 갈래는 스리랑카에서 비롯되어 동남아시아로 전파된 남방 상좌부 전통입니다. 나머지 한 갈래는 중앙아시아를 경유해 중국으로 전파된 다음 다시 우리나라와 일본으로까지 전파된 대승불교 전통입니다. 한역 아함경은 대승불교 전통이 전파되는 과정 속에서 한역 대승경전들과 함께 동아시아로 전해졌습니다.

이렇게 우리나라에는 니까야보다 아함경이 먼저 소개되었습니다. 불교에 관심이 있는 독자라면 아함경이 초기불교 문헌임을 알고 있을 것입니다. 니까야와 아함경 두 문헌은 모두 부처님의 가르침이라고 합의된 내용을 전승한 것이기 때문에 사실상 같다고 할 수 있습니다. 부처님의 열반 이후 인도에서는 다양한 불교 부파들이 나타나 각각의 입장에 따라 부처님의 가르침을 보존하기 시작했습니다. 이것을 '아가마(āgama)'라고 했는데, 그 뜻은 '전승'이지요. 불교가 중국으로 전파됨에 따라 이 문헌들은 수 세기에 걸쳐 산스끄리뜨어 혹은 기타 인도 방언에서 중국어, 즉 한자로 번역되었습니다. '아함(阿含)'이라는 말 역시 '아가마'를 음역한 것입니다.

　　니까야는 빨리어로 전승된 초기불교 문헌 가운데 부처님의 설법을 모아놓은 경장(sutta-piṭaka)을 말합니다. 빨리어는 부처님께서 설법하실 때 사용했던 언어로 알려져 있는데, 부처님이 활동한 마가다 지역에서 사용되던 구어(口語)라서 마가다어라고도 합니다. 부처님은 제식을 담당했던 당시 최고 계급인 브라만 사제들이 고급 언어인 산스끄리뜨어만 사용하면서 철학과 종교, 제식을 독점했던 것에 문제가 있다고 판단했습니다. 이러한 관행은 그들의 사회적 특혜를 공고히 했을 뿐만 아니라, 대중들을 종교나 문화로부터 소외시키는 작용도 했습니다. 부처님은 의식적으로 당시 그 지역의 일반인들이 일상 회화에 사용했던 마가다어로 설법했고, 이는 결국 합송을 통해 경장으로 결집되었습니다. 아쇼까왕 때 스리랑카로 불교가 전파되면서 이 언어는 경전어로 정착하게 됩니다. 사실 빨리어가 인도의 어느 지역에서 사용되었던 언어인지는 아직도 논란이 되고 있습니다. 마가다보다 더 서쪽 지역의 언어였다는 견해도 있습니다. 5세기 무렵 인도에서 스리랑카에 온 붓다고사(Buddhaghosa)라는 학승의 위업으로 빨리어는 문법적으로 정비되었고, 니까야를 포함한 삼장도 체계적으로 정비되었습니다. '빨리어'라는 명칭 자체는 '경전어'라는 뜻으로 17세기 경에야 생긴 명칭입니다.

　니까야는 아함경과는 달리 테라바다라는 남방 상좌부 단일 부파에 의해 전승되었습니다. 아함경과 니까야의 가장 큰 차이점은 전자는 설일체유부 등 몇몇 부파에서 주로 산스끄리뜨어로 전승된 내용을 중국에서 한자로 옮긴 것이고, 후자는 빨리어로 전승된 내용을 단일 부파에서 편집한 완전체라는 것입니다. 한동안 우리나라에서는 니까야만이 부처님의 친설이라는 믿음이 팽배했는데, 그것은 사실이 아닙니다. 니까야는 5세기경에야 우리가 아는 현재의 형태와 비슷한 체계를 갖추었고, 아함경의 경우 2세기에 이미 중국에서 한역이 시작되었습니다. 전승한 부파가 다를 뿐이지 아함경이 더 늦게 성립되었다고 일반화해서는 안 됩니다.

니까야의 특징을 정리해보면 다음과 같습니다.

첫째, 니까야는 구전으로 전승된 것입니다. 부처님은 45년간 여러 지역에서 다양한 사람들에게 설법했고, 이 가르침은 대부분 입에서 입으로 전해졌습니다. 당시에는 문자로 기록하는 전통이 없었기 때문에, 부처님의 가르침은 제자들이 기억하고 암송하는 방식으로 전해졌습니다. 이러한 구전 전통은 매우 체계적이고 엄격하게 관리되었으며, 승가 공동체 내에서 반복적인 암송을 통해 보존되었습니다.

둘째, 니까야는 화합의 상징이자 산물입니다. 기원전 5세기경 부처님의 열반 후 최초의 결집이 행해졌습니다. 부처님의 주요 제자인 마하깟사빠가 주도한 이 결집에서는 부처님의 설법(dhamma)과 계율(vinaya)이 공식적으로 정리되었습니다. 이때 아난다는 법을, 우빨리는 율을 각각 암송하여 전승의 기초를 다졌습니다. 남방 상좌부 전통에서는 이 외에도 두어 차례의 또 다른 결집이 행해졌는데, 이 과정에서 승단의 분쟁이 조정되고 화합을 되찾기도 했습니다.

셋째, 니까야는 여러 경전들을 분류하여 정리한 것입니다. 니까야는 다양한 경전들을 길이, 주제, 숫자 등에 따라 분류한 집합체입니다. 그런 집합체를 『디가니까야』, 『맛지마니까야』, 『상윳따니까야』, 『앙굿따라니까야』의 4부 니까야라 하고, 여기에 포함되지 않은 부처님의 전생담, 제자들의 설법, 일화나 게송 등을 추가적으로 모아 정리한 것이 『쿳다까니까야』입니다. 4부 니까야에 『쿳다까니까야』까지 추가하여 5부 니까야라고도 합니다. 이러한 분류는 교리의 효율적 전승과 학습을 위한 체계화의 일환이었습니다.

넷째, 니까야는 문서화된 것입니다. 초기에 구전으로 전해지던 니까야는 후대에 와서야 비로소 문자로 기록되었습니다. 니까야의 문서화는 기원전 1세기경 스리랑카에서 이루어진 것으로 전해지는데, 부패하기 쉬운 종려나무 잎에 기록되었던 초기의 사본은 이미 사라져버렸습니다. 현재 남아 있는 가장 오래된 사본은 단편으로만 남아 있는 8~9세기의 것이며, 니까야 전체는 15세기 말에 만들어진 것입니다.

승가는 니까야의 전승과 보존에 중요한 역할을 했습니다. 승려들은 경전을 암송하고, 서로를 가르치며, 경전을 통해 수행을 지도했습니다. 이러한 전통은 오늘날까지 이어져오고 있습니다. 승가 공동체가 수행한 이러한 역할을 통해 붓다의 가르침은 비교적 정확하게 보존될 수 있었습니다.

니까야는 주로 부처님의 제자들을 대상으로 하여 만들어졌습니다. 수행과 교학에 있어서 전문가라고 할 수 있는 부처님의 제자들을 대상으로 했던 만큼 니까야의 내용은 다소 어려운 면도 있습니다. 부처님이 일반 재가 신자들이나 다른 종교를 따르는 이들을 대상으로 설법했던 내용들은 결집의 과정에서 많이 누락되었던 것으로 보입니다. 좀 더 자유롭고, 더 오래 되었고, 재미있고, 이야깃거리가 풍부한 경전들은 주로 『쿳다까니까야』에서 찾을 수 있습니다. 『쿳다까니까야』에는 『테라가타』와 『테리가

타』처럼 당시 불교 수행자들에 초점을 맞춘 경전도 있습니다.『쿳다까니까야』까지 포함한다면 니까야에는 정말 다양하고 재미있는 이야기들이 많다는 것을 알 수 있습니다.

니까야에는 이미 부처님 당시에 최상의 경지에 도달한 아라한들이 등장합니다. 아라한의 경지는 어떤 면에서는 부처님과 대등한 경지라고도 할 수 있습니다. 부처님이 계실 때 이미 2,000명 넘는 아라한이 세상에 출현했다고 합니다. 물론 니까야의 다른 부분에서는 아라한의 경지에 이르기 위해서는 여러 단계의 수행의 계위를 밟아야만 한다고 말합니다. 그럼에도 불구하고 초기경전 여러 곳에서 등장하는 아라한과를 얻은 사람들의 이야기는 부처님의 말씀을 완전히 이해하는 것만으로도 최상의 경지에 이를 수 있음을 반증합니다.

초기불교는 어떻게 알려졌나

우리나라에서 니까야는 초기불교 경전으로 통합니다. '니까야'라는 용어 자체는 '무리', '모음' 또는 '그룹'을 의미하며, 부처님이나 가까운 제자들 간에 이루어진 담론의 모음을 의미합니다. 니까야가 어떻게 만들어졌는지를 이해하려면 초기불교 경전이 형성된 과정을 살펴볼 필요가 있습니다.

부처님의 열반 이후 제자들은 부처님 말씀이 유실되거나 변형될 것을 두려워했습니다. 부처님 재세 시에도 일부 제자들이 부처님 말씀을 오도하는 경우가 있었으니까요. 제자들의 간절하고 절박한 보존 의지에 의해 부처님의 가르침은 결집되었습니다. 마하깟사빠가 주관하고 아난다와 우빨리 존자가 먼저 암송하면 모두 함께 합송을 하되 불일치되는 부분이 있으면 만장일치로 조율될 때까지 합의를 해서 완전히 통일시켰습니다. 이렇게 완벽하게 통합된 경과 율은 주로 합송으로 전승되었으므로 다른

음이나 내용이 들어갈 여지가 거의 없어 신뢰도가 상당히 높았습니다.

결집은 남방 상좌부와 설일체유부 등의 전통에서 4차례 정도 있었던 것으로 기록되어 있습니다. 붓다의 열반 이후 처음 이루어진 제1차 불교 결집(기원전 약 5세기)은 붓다의 가르침을 체계적으로 정리하고 암송하기 위해 이루어졌습니다. 이 결집에서는 삼장(三藏) 가운데 경(經)과 율(律)이 공식적으로 정리되었습니다. 삼장은 빨리어로는 '띠삐따까(tipiṭaka)', 그리고 산스끄리뜨어로는 '뜨리삐따까(tripiṭaka)'라고 하는데, 경장(經藏)·율장(律藏)·논장(論藏)으로 이루어집니다. 삼장 가운데 경장은 부처님 말씀, 곧 아가마(āgama)를 모아놓은 것으로, 빨리어로 된 니까야와 한문으로 된 아함이 이에 해당합니다. 율장은 수행 생활의 지침과 규율을 모아놓은 것입니다. 논장은 부처님 말씀을 체계적으로 정리해서 해설한 것으로, 경·율에 비해 늦게 형성되었고 부파마다 다른 견해가 피력되어 있습니다. 구전으로 전해진 경전은 제2차 불교 결집(기원전 약 4세기) 등 여러 차례 결집을 통해 더욱 체계적으로 정리되었습니다. 이 시기까지도 경전은 여전히 구전 형태로 승가 내에서 전해졌습니다.

제2차 불교 결집 이후, 진보적 입장인 대중부 (Mahāsaṅghika)가 보수적 입장인 상좌부(Sthaviravādin)로부 터 분리되면서, 여러 불교 '학파' 또는 '종파'들이 수년에 걸쳐 등장하기 시작했습니다. 이들 학파는 각각 교리나 계율에서 약간의 차이가 있었습니다. 이렇게 다양한 불 교 종파와 학파의 분열이 일어난 시대를 부파불교 시대라 고 합니다. 설일체유부, 화지부, 법장부, 대중부 등과 같은 여러 불교 부파들은 자신들의 전통 안에서 붓다의 가르침 을 보존했는데, 저마다 자신들의 삼장을 가지고 있었다고 합니다. 니까야가 초기불교에서 비롯된 문헌인 것은 맞지 만, 이것을 모아서 엮은 것은 이러한 부파들이었습니다. 따라서 니까야는 어떤 면에서는 부파불교의 일부라고도 할 수 있습니다.

니까야는 완전한 형태로 보존된 것은 물론, 현존하 는 경전들 중 가장 오래된 것으로 여겨지고 있습니다. 여 러 경으로 이루어진 니까야 내부에는 고층과 신층의 경전 군이 섞여 있는데, 『숫따니빠따』, 『담마빠다』, 『테라가타』, 『테리가타』 등과 같은 운문 형식의 경전들이 산문 형식의 경전들보다 앞선 시기에 작성된 것으로 여겨집니다. 고층에 속하는 경전에 나온 내용들이 다른 경전에 또 등장하는 경우도 있습니다. 예를 들면 『디가니까야』에는 『숫따니빠따』의 가장 오래된 가르침이 포함되어 있기도 합니다. 그래서 『디가니까야』의 경들이 붓다의 말씀과 담론을 보다 정통적으로 보존하고 있다고 믿어지기도 합니다. 계율을 모은 빨리어 율장 또한 매우 초기의 가르침을 담고 있는데, 『율장』 「대품」에서는 붓다가 깨달음을 얻은 후의 생생한 장면들을 접할 수 있습니다. 계율에 관련된 내용이지만 계율이 생기게 된 유래 등을 설명하기 때문에 오히려 당시의 생생한 생활상과 통념 등을 알 수 있습니다.

이렇듯 현존하는 경전군 가운데 가장 오래된 경전이 니까야입니다. 그러나 붓다가 실제로 가르친 내용과 처음 기록된 내용 사이에 시간적으로나 지리적으로 상당한 차이가 있을 수 있다는 점에 유의해야 합니다. 아시다시피 인도는 큰 나라입니다. 세계에서 7번째로 영토 면적이 넓은 나라인데, 고대에는 주변국인 파키스탄, 방글라데시, 네팔 등도 인도 문화권이었으므로 불교가 인도 전역에 전파되는 데는 지역별·시기별 격차가 있었습니다. 또한 부처님은 마가다어를 포함한 당시의 여러 방언으로 설법했을 뿐만 아니라, 제자들에게도 자신이 속한 지역의 언어를 사용하여 전도하도록 했습니다. 따라서 부처님의 가르침은 내용이 동일하다 하더라도 그 전승은 다양한 언어로 이루어졌을 가능성이 높습니다. 벨기에의 신부이자 불교학자인 라모뜨(É. Lamotte)에 따르면, 붓다의 가르침이 구전으로 전해져오다가 문자로 기록된 시기는 기원전 35년에서 기원전 32년 사이였다고 합니다. 역시 라모뜨에 따르면 본래의 아가마 문헌은 산스끄리뜨어나 중부 인도어로 되어 있었던 것 같습니다. 하지만 이러한 문헌은 대부분 사라져버렸습니다. 현존하는 것은 아가마의 일부를 이루는 소수의 경전들뿐입니다. 중국에서 만들어진 삼장에는 네 가지 아가마의 번역본들이 포함되어 있습니다. 이들 네 가지 아함, 즉 장아함·중아함·잡아함·증일아함은 다른 부파에 속하는 텍스트들을 다른 번역가들이 번역한 것입니다. 『장아함경』은 법장부, 『중아함경』과 『잡아함경』은 설일체유부에 속하는 것으로 여겨지며, 『증일아함경』의 소속 부파에 대해서는 아직 논쟁이 많습니다. 현재 우리에게 유일하게 통합된 형태로 남겨진 경장은 남방 상좌부의 니까야입니다.

　4부 니까야 각각은 특화된 암송가에 의해 전수되었을 가능성이 높습니다. 긴 글을 잘 암송하는 이, 중간 길이의 글을 잘 암송하는 이, 또는 숫자에 밝은 이 등에 의해서 말이지요. 이처럼 니까야는 부처님의 가르침을 익히기 쉽고 유용하게 사용할 수 있도록 조직되었습니다. 주제, 길이, 구조에 따라 다양한 컬렉션으로 체계화된 니까야가 있었기에 수행자들은 가르침을 더 용이하게 연구하고, 암기하고, 적용할 수 있었을 것입니다.

　네 가지 니까야는 수행자나 재가자 모두에게 개방되어 있었을 수 있습니다만, 그래도 주로 학식이 높거나 수행하는 자들을 대상으로 했을 가능성이 높습니다. 반면 『쿳다까니까야』에 속하는 소경전들은 재미있고 쉬운 우화나 비유 등을 많이 담고 있습니다. 이렇듯 니까야는 일정 대상을 염두에 두고 편집되었던 것입니다.

　「마하빠리닙바나 경(열반경)」에 따르면 부처님은 자신을 경배하는 것을 원하지 않았고, 자신보다 법을 따르라는 유지를 남겼습니다. 부처님의 말씀을 보존하는 것이 부처님의 의지였던 것입니다. 따라서 부처님의 말씀을 잘 정리해서 이를 학습하고 실천하는 것이 불교도들이 할 수 있는 최선이라고 할 수 있습니다. 니까야를 통해 표준화된 가르침이 제시되면서 시간이 지남에 따라 부처님 말씀이 왜곡되는 것을 막을 수 있었습니다. 아울러 불교 공동체 간에 일관성도 보장되었습니다.

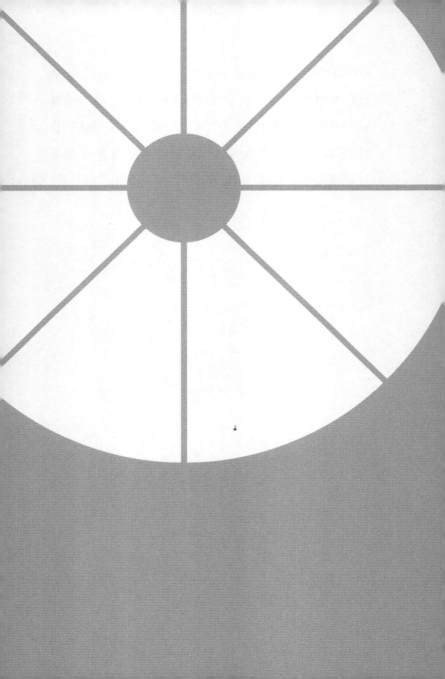

3

니까야가
말하고자 하는 것은
무엇일까

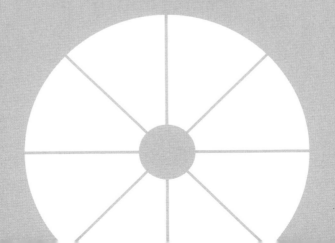

사람으로 태어나 발 딛고 있는 이 자리에서

생로병사로 상징되는 인간의 삶은 유한합니다. 변해가는, 그것도 노쇠해가는 자신을 바라보는 것이 즐거울 리는 없겠지요. 유한한 것도 아쉬운데, 보기 싫어지고 아픈 데가 많아지는 자신을 보며 우리는 인생이 순조롭지 않음을 통찰하게 됩니다. 원하는 대로 굴러가지 않는 불만족스러운 상태, 니까야에서는 이를 '고(苦, dukkha)'라고 합니다. 이로부터 벗어나기 위해 우리는 고의 본질을 탐구합니다. 생로병사에 대해 고민하고, 고의 본질에 대해 숙고하는 생명체가 지구상에 인간 말고 또 있을까요? 깨달음은 이를 극복하려는 자에게 열려 있습니다. 어찌 보면 이를 위해 인간으로 태어난 것도 큰 행운이 아닐까요? 니까야에 따르면 인간으로 태어나는 것 자체가 깨달음을 얻는 중요한 기회로 간주됩니다.

『상윳따니까야』「칙갈라유가 경(구멍을 가진 멍에 경)」에는 인간으로 태어나는 것의 어려움과 소중함을 설명하는 잘 알려진 이야기가 있습니다. 부처님은 인간으로 태어나는 것의 어려움을 설명하기 위해 눈먼 거북이와 구멍 뚫린 멍에의 비유를 들었습니다.

"비구들이여, 이 큰 지구가 물로 덮여 있는데 사람이 거기에 구멍이 하나 뚫린 멍에를 던졌다고 해보자. 동쪽에서 불어오는 바람이 그것을 서쪽으로 밀고, 서쪽에서 불어오는 바람이 그것을 동쪽으로 밀고, 북쪽에서 불어오는 바람이 그것을 남쪽으로 밀고, 남쪽에서 불어오는 바람이 그것을 북쪽으로 밀어낸다고 해보자. 그 바다에 눈먼 거북이가 있는데, 이 거북이는 100년에 한 번씩 물 위로 고개를 내민다고 해보자. 그 거북이가 100년 만에 물 위로 고개를 내밀었을 때 그 멍에에 뚫린 구멍에 머리를 끼워 넣을 수 있겠는가?"

또 인간으로 태어나 불법을 만나는 것의 어려움을 이야기하는 구절도 있습니다.

"또한 비구들이여, 사람이 인간의 몸을 갖는 것은 아주 드물다. 그와 같이 여래, 아라한, 정등각자가 세상에 나타나는 것도 아주 드물다. 여래가 설한 법과 율을 들을 기회도 아주 드물다."

한역 『증일아함경』 「청법품」에서도 부처님은 "나는 인간에서 났고 인간에서 자랐으며 인간에서 부처가 되었다"라고 말합니다. 니까야에는 이와 똑같은 내용이 보이지 않습니다만, 『맛지마니까야』 「앗차리야붓따담마 경(놀랍고 경이로운 일 경)」에서 부처님은 자신이 어떻게 태어났고 성장했으며 결국 인간으로서 깨달음을 얻게 되었는지를 이야기합니다. 이 경은 인간 세계에서 태어나 생활하는 것, 곧 인간으로서의 경험이 성불하는 데 얼마나 필수적인지를 강조합니다. 니까야가 말하고자 하는 것은 피안의 절대적 환희가 아닙니다. 그 시작은 바로 내가 딛고 서 있는 이 세상에서의 경험에 있습니다.

부처님 당시 브라만 사제 가운데는 절대자와의 합일이나 '함께함'을 희구하는 이들이 많았습니다. 그들은 이에 도달하기 위해 제식이나 명상 등 다양한 길을 모색하고 있었습니다. 부처님은 애초부터 과도한 집착을 경계했습니다. 『디가니까야』에는 「떼빗자 경(삼명경)」이 있습니다. 이 경전은 세 가지 베다, 곧 리그베다·사마베다·야쥬르베다를 암송하고 추종했던 당시 바라문 사제들의 행태를 지적합니다. 한역 『장아함경』 「삼명경」에도 같은 내용이 나옵니다.

어느 날, 꼬살라국의 한 마을에 사는 두 브라만이 해탈에 이르는 길에 대해 논쟁을 하다가 각기 자신의 스승이 제시한 길이 '절대자인 브라흐마(범천)와 함께하는 법'이라면서 부처님께 시비를 가려달라고 요청하게 됩니다. 부처님은 브라만들 가운데 절대자와 직접 대면한 자가 없으며, 그가 어디에 있는지 어떻게 있는지 언제부터 있는지 아는 자도 없다고 지적합니다. 부처님은 베다에 능통했다는 브라만들이 알지도 보지도 못한 절대자를 두고 '그와 함께할 수 있는 법'을 가르치겠다며 허세를 부린다고 지적합니다. 누군지도 모르는 나라 안 최고 미녀와의 사랑을 꿈꾸는 자, 알지도 보지도 못하는 누각에 오르기 위해 사다리를 만들고자 하는 자, 물이 넘실대는 강의 한 쪽 둑에서 반대편 둑으로 가려고 하면서 강둑에게 이리 와 달라고 부르고 빌고 원하기만 하는 자 등에 빗대어 사제들의 무능과 허세를 힐난합니다. 부처님은 브라만들이 정작 행해야 하는 법은 버리고 행해서는 안 되는 법을 취하며 신들을 소청한다고 비판합니다. 마치 저쪽 강둑에 이르고자 하는 자의 손을 사슬로 꽁꽁 묶어놓은 것과 같고, 저쪽 강둑에 이르고자 하는 자가 덮개를 뒤집어쓰고 누워 있는 것과 같다고 합니다. 그 덮개는 바로 감각적 욕망, 성냄, 나태와 혼침, 들뜸과 후회, 의심의 다섯 가지 장애(nīvaraṇa)라고 설합니다. 이들에 매여 있고 이들에 덮여 있는 브라만들은 죽어서도 절대자와 함께할 수 없다고 합니다. 결국 자신이 딛고 있는 바로 그 자리의 현실 인식에서 결박을 풀 수 있다는 것입니다.

초기불교는 무신론이었을까요? 불교, 적어도 초기불교는 무신론이라고 알려졌습니다. 부처님께서 창조주를 인정하지 않았다고 믿어지기 때문입니다. 과연 어떨까요? 부처님은 당시 널리 믿어지던 신들이 존재하지 않는다든가 또는 날조된 것이라고는 보지 않았습니다. 당시 신흥 종교라고 할 수 있었던 불교는 기존의 종교적 관습이나 관례에 무리하게 도전하려 하지 않았습니다. 『비나야』, 곧 초기불교의 율장을 보면 흥미로운 이야기가 있습니다. 깨달음 이후에 설법을 주저하는 붓다에게 브라흐마(범천)가 나서서 설득하는 모습이 생생히 묘사되어 있는 것입니다. 부처님은 깨달음을 얻은 후 어떤 의문에 사로잡혔습니다. 과연 이 심오한 이치를 중생들이 알아들을 수 있을까? 사람들은 나름대로 세상의 관습에 따라 잘 살고 있는데, 오히려 그들을 혼란스럽게 하지는 않을까? 이 의문 때문에 부처님은 선뜻 나서지 않았습니다. 그때 사함빠띠(Sahampati)라는 브라흐마가 나타나 부처님께 설법을 권청합니다. 부처님은 세 번째 권청 이후에야 그의 뜻을 수용합니다. 그래서 불교가 세상에 존재하게 되었던 것입니다.

브라흐마는 힌두교의 주요 3신, 곧 브라흐마·비슈누·쉬바 가운데 하나로 창조신입니다. 어찌 보면 힌두교의 가장 중요한 최고신이 경쟁 종교가 될 수 있는 종교의 창시자에게 포교할 것을 끈질기게 권고했다는 것입니다. 사실 니까야 등 초기불전에 묘사된 브라흐마는 부처님을 받드는 존재로 나타나기 때문에 힌두교도에게는 다소 실망스러운 모습일 것입니다. 불교에서 인드라(제석천)와 브라흐마는 부처님의 법을 보호하는 신입니다.

　　브라흐마는 삼천세계의 종주 또는 신 가운데 으뜸으로 간주됩니다. 그러나 니까야에는 여러 고유한 이름이 붙은 인격신 브라흐마로 나타납니다.『맛지마니까야』「브라흐마니만따니까 경(범천의 초대 경)」에서 브라흐마 바까(Baka)는 자신이 최고이며 영원한 존재라고 믿고 이를 부처님 앞에서 뽐내다 결국 망신을 당하게 됩니다. 반면, 브라흐마 사함빠띠에 대해서는 어떠한 비판도 찾을 수 없습니다. 브라흐마 사함빠띠가 자신이 창조주며 조물주라고 주장했다면 아마도 다른 스토리가 전개되었을지도 모릅니다. 한편 같은 니까야「데바다하 경」에는 창조주로서의 잇사라(자재천)를 비판하는 내용도 있습니다. 자신이 만든 피조물들이 이토록 고통 받도록 놔두는 것을 볼 때 창조주는 사악한 자임이 분명하다는 것이지요.『자따까』에는 다음과 같은 게송도 있습니다.

　　"… 이 비참한 광경을 볼 수 있는 눈이 있다면 왜 브라흐마는 그의 피조물들을 올바로 두지 못했을까? 그의 광대한 위력이 한량이 없다면 왜 축복의 손길이다 미치지 못할까? 왜 그의 피조물들은 모두 고통을 호소할까? 왜 그는 모든 이에게 행복을 주지 않는가? 왜 속임수와 거짓말, 무지가 더 지배적일까? 왜 거짓이 이기고 진리와 정의는 패할까? 너의 신 브라흐마는 부당하다. 세상을 이따위로 만들어 놨으니."

이토록 현실 세상의 폐부를 찌르는 게송이 고대에 만들어졌다는 것이 놀랍습니다. 중생들이 사는 세상은 예전이나 지금이나 마찬가지인가 봅니다. 성현의 말씀으로 가득 차 있을 것만 같은 불교 문헌에 이렇게 날카로운 현실 인식이 나온다는 것이 무척 흥미롭습니다.

『앙굿따라니까야』에서는 사문, 바라문, 천신, 마라, 브라흐마조차도 피할 수 없는 다섯 가지로 노쇠, 병마, 죽음, 멸진, 멸망을 열거합니다. 신들이라 할지라도 중생의 고통을 피할 수 없고, 윤회의 싸이클에서 벗어날 수 없다는 것이지요. 사실 니까야에서 신들의 권위는 많이 추락했습니다. 조물주의 모습으로 나타났을 때는 호되게 비난받고, 그렇지 않을 경우에는 깨달음을 얻지 못해 윤회하는 존재로 그려져 있으니까요. 힌두교 측 문학 작품에서도 신들의 모습은 상당히 인간적으로 묘사되어 있습니다.

　신들은 고행자들을 질투하기도 합니다. 고행자들이 그 목적을 성취하면 불사(不死)를 얻어 신들조차 그들을 어찌할 방법이 없기 때문입니다. 인도 신화에서는 대개 아름다운 압사라(요정)가 수행자를 유혹해 그들이 고행을 완성하는 것을 방해합니다. 붓다 역시 성도 직전에 악마인 마라와 그의 딸들에 의해 방해를 받습니다.

　부처님은 설법에서 인도의 신들을 직접 언급하는 경우가 많았습니다. 그래서 제자들은 붓다가 신의 존재를 인정하는지의 여부에 관해 의문을 가지게 되었습니다. 『맛지마니까야』「상가라바 경」에는 한 제자가 직접적으로 신(deva)들의 존재에 대해 질문하는 내용이 있습니다. 이에 부처님은 신들은 일반적으로 존재하는 것으로 믿어진다고 답합니다. 왜 처음부터 입장을 확실히 하지 않느냐는 질문에 대해 붓다는 신의 존재는 당연시되기 때문이라고 답합니다. 니까야에는 고유한 이름을 지닌 여러 명의 브라흐마가 등장합니다. 니까야에서 브라흐마는 업의 지배를 받는 존재이며, 부처님을 시봉하는 존재로 묘사됩니다. 이것은 창조주의 모습이라고 보기 힘들지요. 불교

내에서 설정된 이러한 브라흐마의 위치가 역으로 힌두교에까지 영향을 미쳤던 것인지, 브라흐마는 주요 신 가운데 가장 인기 없는 신으로 추락하기도 했습니다. 니까야에서 부처님의 신들에 대한 입장은 심플합니다. 신의 존재를 믿고 싶으면 믿고, 믿기 싫으면 믿지 않으면 됩니다. 신들도 인간과 별반 차이가 없기 때문이지요. 업보와 윤회의 굴레를 벗어나지 못하는 한 모두 같은 입장입니다. 최고신 브라흐마에 대한 부처님의 입장은 양면적이었음을 확인할 수 있습니다. 곧 창조주로서 비춰졌을 때는 단호하게 거부했고, 관습적인 신으로서는 존중했습니다. 예를 들면 초기불전에서 최고의 상태를 의미하는 수식어로서 '브라흐마'를 사용하기도 했는데, '브라흐마비하라(brahma-vihāra, 梵住)', '브라흐마짜리야(brahma-cariya, 淸淨梵行)', '브라흐마짝까(brahma-cakka, 梵輪)' 등이 바로 그것입니다.

진리는 동굴 …

신에 관한 이야기는 이제 더 이상 하지 않기로 합시다. 신과 관련된 담론은 브라만교에서 넘치고 넘칠 만큼 많이 하고 있고, 그 외의 다른 종교에서도 충분히 다루고 있기 때문에 현대를 사는 우리에게 그다지 신선할 것이 없습니다. 기축시대 인도의 많은 젊은이들이 신과 사제의 권위가 억누르고 있던 사회를 등지고 자유로운 세계를 찾아나섰던 것처럼, 우리도 이제 한번 떠나보겠습니다.

　　제 이름은 '경아'입니다. 갓난아기였을 때 저의 우는 소리는 "아 …" 하는 일정한 패턴으로 계속되었다고 합니다. 이것이 재미있어서 저희 아버지는 제 이름에 '아'를 넣기로 결심했답니다. 물론 '경아'의 '아'가 '나 아(我)'는 아닙니다만, 저는 자신도 모르게 '나'라는 화두를 가지고 있었던 듯합니다. 사춘기 시절 생리통에 시달리다 이전에 없었던 이 고통이 어찌나 나를 괴롭히던지 그 고통의 실체를 알고 싶었습니다. 그래서 그 고통을 보기로 하고 저의 내면을 관찰했습니다. 깊은 곳으로 들어가보니 어두운 허공에 입자들이 떠 있는 것 같은 모습이 보였던 것 같습니다. 그 입자들 사이로 들어가보니 이를 관찰하던 주체는 그 고통의 입자들 사이에서 함께 흐르는 듯 또는 떠 있는 듯 했고 고통이 더 이상 느껴지지 않았습니다. 저는 일종의 명상과 같은 이 과정을 기억으로만 가지고 있지, 다시 시도하지는 않았습니다. 이러한 일련의 경험들이 제가 인도 철학을 전공하게 된 간접적인 요인이 되었을 수도 있겠지요. 저는 열렬히 진리를 추구하는 그런 사람은 아니었습니다.

이십대 초반에 한 인문학 책자를 접하게 되었습니다. 그 책의 제목은 생각이 나지 않고 출판사 이름이 '까치'였다는 것만 기억납니다. 내용 또한 기억에 없는데 서문에서 읽었던 어떤 이야기만 생각이 납니다. 그 내용을 옮기려면 약간의 각색이 필요합니다. 용서해주신다면 기억을 더듬어 재구성해보겠습니다.

한 청년이 있었습니다. 그는 진리가 무엇인지 알고 싶었습니다. 자신의 모든 것을 바쳐서라도 그 진리를 알고 싶었습니다. 그래서 열심히 책을 읽고 저명한 학자들을 찾아다니며 진리를 갈구했습니다. 그러나 아무도 진리를 말해주지 못했습니다. 청년은 절망했습니다. 하지만 그 와중에도 청년은 진리를 알고 있는 사람을 집요하게 찾았습니다. 그러다가 청년은 깊은 오지에 사는 어떤 현자가 진리를 알고 있다는 정보를 얻게 됩니다. 그런데 그곳은 찾아가는 것 자체가 거의 불가능에 가까운 정말 외진 곳이었습니다. 절망 속에서 삶의 의미조차 못 느꼈던 청년은 목숨을 걸고 그곳으로 찾아가기로 결심했습니다. 청년은 온갖 고생 끝에 결국 그 현자가 있다는 곳에 다다랐습니다. 어두운 석굴 저편의 깊은 곳에 누군가가 가부좌를 틀고 앉아 있는 것이 보였습니다. 청년은 그 앞에 철푸덕 앉아 울부짖었습니다.

"현자여, 저는 죽을 고생을 하고 간신히 이곳에 왔습니다. 저는 지금까지 진리를 찾아 방랑했지만 아무도 진리를 말해주지 않았습니다. 제발 목숨 하나 살려주는 셈 치고 진리를 말해주십시오." 현자는 한동안 고요히 침묵하더니 천천히 입을 열었습니다.

"진리는 동굴 …"

청년은 조용히 현자의 말을 음미했습니다. "진리는 동굴." "진리는 동굴." 하지만 아무리 음미하고 되뇌어도 무슨 뜻인지 이해가 되지 않았습니다. 못 알아듣는 자신에게 문제가 있는 것 같아 미안한 마음도 들었지만, 결국에는 화가 치밀어 올랐습니다. 청년은 현자를 향해 외쳤습니다.

"뭐라고요? 목숨을 걸고 여기까지 왔는데 진리가 동굴이라는 것 밖에 할 말이 없습니까? 진리가 겨우 동굴이란 말입니까?" 현자는 눈을 뜨고 청년을 응시했습니다.

그리고 천천히 입을 열었습니다. "그럼 동굴이 아니었단 말인가?"

저는 그 후의 이야기 전개가 그리 궁금하지 않습니다. 공감되지 않는 진리는 공유할 수 없습니다. 청년과 현자 둘 다 일종의 각성이 있지 않았을까요?

고금을 통해 인도인들이 이상하리만큼 천착했던 화두는 바로 '나'였습니다. 인도어에는 자아를 의미하는 단어가 상당히 많은데, 그만큼 이 문제에 관심이 많았다는 뜻이겠지요. 자아를 나타내는 대표적 용어는 아뜨만

(ātman)입니다. 이 용어는 가장 오래된 인도 종교 문헌인 리그베다에서만 30회 등장합니다. 위의 이야기에 나오는 현자가 인도의 현자인지는 모르겠지만 '동굴'은 인도 사상에서 '구히야(guhya)', 곧 숨겨진 비밀스러운 곳을 의미합니다. '자아' 또는 '궁극적 실재'의 또 다른 이름이라고도 할 수 있습니다. 부처님 시대 고대 인도인의 관심사는 현실적 자아보다는 궁극적 실재, 곧 브라흐만(Brahman)에 있었습니다. 그 궁극적 실재가 '나'일 수도 있다는 사고는 우빠니샤드 시대에 이르러서야 구체적으로 나타납니다. 우빠니샤드는 바라문교 전통에서 절정에 해당하는 철학 사상을 담은 문헌으로, 그 가운데 초기의 문헌은 불교보다 이른 시기에 성립된 것으로 알려져 있습니다. 그들은 궁극적 실재와 개별적 자아가 본래는 하나라고 주장했는데, 이것이 바로 '범아일여' 사상입니다. 초기 힌두교는 이 주제에 과몰입했다고 해도 과언이 아닙니다. 영원하고 무결점이며 변화하지 않고 지고의 환희인 궁극적 실재와 '나'의 연계를 위해 직관과 명상, 철학적 사유 등이 총동원되었습니다. 당시 거의 모든 사상가와 수행자가 이렇듯 자신의 내면을 들여다보는 일에 집중했습니다.

왜 유독 인도에서만 이러한 수행 문화가 발전했을까요? 저는 먼저 인도의 생태 환경적 요소에서 그 요인을 발견합니다. 인도는 열대 몬순 기후에 속합니다. 쉽게 말하자면 건기와 우기가 교차하는 기후로, 일 년의 3~5개월은 우기에 해당하고 나머지는 건기입니다. 우기에는 거의 매일 비가 오고 건기에는 비 한 방울 오지 않습니다. 지역마다 차이는 있지만 불교가 발생한 갠지스강 유역을 비롯해 거의 모든 지역이 비슷한 양상이죠. 인도가 국가 규모에 비해 스포츠 빈국인 것도 이러한 기후 환경 때문이라고 봅니다. 우기에는 비로 인해, 건기에는 태양 광선이 너무 강렬해서 바깥 활동이 힘드니까요.

그런데 섭씨 40도를 웃도는 기온임에도 불구하고 큰 나무 밑은 놀랍도록 선선합니다. 인도인들은 이러한 기후 환경으로 인해 고대로부터 육체 활동보다는 뙤약볕이나 억센 빗줄기를 피할 수 있는 큰 나무 밑이나 석굴에서 자신의 내면을 관찰하는 일에 관심을 두었던 것입니다. 울창한 나무 밑에서 명상하고 있는 수행자의 모습은 너무나 자연스럽고 친숙한 광경입니다. 동남아시아에는 몬순 기후인 나라들이 여럿 있습니다. 그 나라들도 나름의 정신 문화가 있겠지요. 인도인들의 독보적인 명상 수행 전통은 물론 생태 환경적 요인으로만 설명될 수는 없습니다. 아마도 유구한 역사를 가진 고행 전통과 유목민이었던 아리안의 침입 이래 우월한 위력으로 전파되었던 그들의 다신교 전통과 제식 문화가 공존하면서 명상 수행 전통이 풍요로워졌을 것으로 보입니다. 요가와 명상, 고행은 고대로부터 인도 문화의 심볼로 간주되어 왔습니다. 부처님이 인도 땅에 탄생하기 전부터 이들 정신 문화는 존재하고 있었던 것입니다.

　　이제 우리는 니까야의 주요 사상을 이해하기 위한 기초 공사를 거의 끝냈습니다.

세상과 나를 만드는 다섯 가지, 열두 가지
그리고 열여덟 가지

니까야는 사람 사는 세상을 기존의 바라문 전통과는 사뭇 다른 시각으로 보았습니다. 바라문 전통이 영원불변의 비현실적인 최고아(最高我)를 추구했던 것과는 달리, 니까야는 주변 세계와 끊임없이 상호작용하며 생로병사의 고를 겪는 존재가 다름 아닌 바로 '나'라고 솔직하게 말했던 것입니다. 인도인들은 우리가 살아가는 세상을 '꿈'이라고 생각합니다. '꿈'에서 깨어나는 것이 해탈이지요. 그들에게 이 세상은 잠깐 왔다 가는 곳, 꿈과 같은 곳입니다. 문제는 그 꿈을 끊임없이 계속 꾸어야 한다는 것이지요. 인도인들은 이 세상을 '자갓(jagat)'이라고 부릅니다. 뜻풀이를 하자면 'ja'는 '오다, 태어나다', 'ga'는 '가다'입니다. 곧 잠시 왔다가 가는 곳이 우리가 사는 세상입니다. 어차피 허망한 세상이니 고단한 현실보다는 신과 함께하는 세상을 꿈꾸게 되었던 것이지요. 그러던 중에 부처님이 이 세상에 출현하게 되고, 그때부터 현상 세계를 살아가는 인간 자신의 상태를 직시하고 그 한계에서 벗어나고자 하는 노력이 시작됩니다.

초기불교는 온 세상을 크게 다섯 가지, 열두 가지, 열여덟 가지 분류법으로 설명합니다. 관점에 따라 숫자만 다르게 분류했을 뿐 같은 말이라고 해도 틀리지 않습니다. 이를 각각 오온(五蘊)·십이처(十二處)·십팔계(十八界)로 부릅니다. 오온의 '온(蘊)'은 '쌓임'을 뜻하는데, 이것은 산스끄리뜨어 '스깐다(skandha)'를 번역한 것입니다. 산스끄리뜨어 '스깐다'는 '나무줄기(특히 가지가 갈라지는 부분)' 또는 '어깨'를 의미합니다. 니까야에서는 빨리어 '칸다(khandha)'로 나타납니다. 이 용어는 한자의 의미와는 달리 여러 부분이 하나로 연계되어 있는 양태를 묘사하고 있습니다. 마치 나무의 몸통이 여러 다른 가지들과 연결되어 있듯이 몸·느낌·생각·의도·인식이라는 다섯 가지 상호 연결된 칸다가 '나'를 형성하고 있다는 것입니다. 이 분류는 몸을 제외한 나머지 넷이 마치 심리 현상인 것처럼 보인다는 점에서 흥미롭습니다. 이것은 좀 더 자세히 보면 인식 과정인 것처럼 보이기도 합니다. 이에 관해서는 잠시 후에 마저 논해보기로 하지요.

십이처는 눈·귀·코·혀·온몸·마음이라는 여섯 가지 감각 기관과 그 각각의 대상인 모습·소리·냄새·맛·촉감·법(마음의 대상)을 말합니다. 십팔계의 경우, 이상의 십이처에 이로부터 발생하는 여섯 가지 인식이 부가된 것입니다. 이들 여섯 가지 인식은 인식 기관과 각각의 인식 대상이 접촉하지 않고서는 발생할 수 없습니다. '여섯 가지 인식'을 마음으로 간주한다면, 이 마음은 감각 기관과 그 대상 없이는 따로 존립할 수 없는 것이 됩니다. 이들 오온·십이처·십팔계로 인해 현상 세계가 펼쳐지니, 이를 '일체법' 내지 '나마루빠(nāma-rūpa)'라고 부릅니다. 나마루빠는 고대 인도에서 불교가 발생하기 전부터 사용되었던 개념으로, 불교에서 이를 새롭게 조명해 전문 용어로 활용했습니다. 우리에게는 명색(名色)으로 알려져 있습니다. "내가 명색이 판사인데 말이지 …" 이런 류의 말 많이 들어보셨죠? 바로 이 말입니다. 말 그대로 '이름과 모습'를 말합니다. 나마루빠는 형태가 있는 것은 말할 것도 없고, '빨간색'이나 '두려움'과 같이 형체 없이 이름만 있는 것들까지 모두 포함한 개념입니다. 불교 밖의 인도 철학에서는 나마루빠를 '정신과 물질'로 간주하여 둘로 취급했습니다. 하지만 불교에서는 이를 하나로 취급했습니다. 나마루빠를 '마음과 몸'으로 해석하든 아니면 '정신과 물질'로 해석하든 상관없이, 불교는 '나마[名]'와 '루빠[色]'를 나눌 수 없는 것으로 보았던 것입니다. 결국 오온·십이처·십팔계의 분류는 몸과 마음, 인식 주관과 그 대상은 필연적으로 상호 의지하여 존립한다는 불교의 세계관을 드러낸다고 할 수 있습니다.

이러한 불교적 세계관은 우리에게 삼법인(三法印)으로 알려진 '존재의 세 가지 특징(ti-lakkhana)'으로 정리되기도 합니다.

이 세상 모든 것들은 변하기 마련이다
Sabbe saṅkhārā aniccā.　　　諸行無常

이 세상 모든 것들은 바라는 바대로 되지 않는다
Sabbe saṅkhārā dukkhā.　　　一切皆苦

이런 모든 것들에 '아뜨만'이라고 할 만한 것이 있으랴

Sabbe dhammā anattā.　　　諸法無我

　『맛지마니까야』에는 "모든 생하는 것은 소멸하기 마련이다"라는 경문이 있습니다. 이는 세상에 대한 니까야의 가장 기본적인 시각입니다. 우리가 사는 세상은 덧없고 무상합니다. 내 육신과 사물들 역시 시간의 흐름에 따라 점차 쇠멸해가는데, 이것은 내가 바라는 바가 아니며 내 바람대로 되지도 않습니다. 우리는 이 진리를 경험을 통해 알고 있습니다. 이러한 인식에 기반하여 불교는 아뜨만에 대해 의문을 제기합니다.

　위에서 말했듯이 부처님 당시 인도의 바라문계 철학에서 아뜨만은 개개인의 자아를 말합니다. 이 자아가 '브라흐만'과 같은 최고의 존재임을 깨닫는 '범아일여'가 그들이 했던 명상의 궁극적 목표였습니다. 이에 반해 부처님은 오온·십이처·십팔계로 펼쳐지는 이 현상 세계에서 '영원한 것', '내 바람대로 되는 것'은 없으며, 그러한 것이 있더라도 그것은 '나 자신'과 전혀 상관이 없다고 분명히 천명했습니다. 바라문계 철학에서 그렇게 천착했던 아뜨만은 궁극적으로는 절대자와 하나가 되는 아뜨만으로, 하루

하루 힘들게 살아가는 '나'와는 상관이 없다는 말입니다.

그렇다면 '나'는 누구인가요? 세상에 하나뿐인 '나'를 어떻게 설명할 수 있을까요? 세상에 '나'를 자처할 수 있는 사람은 80억이 넘습니다. 세상에 하나뿐인 '나'도 누군가에게 설명하려면 내 인식의 대상이 될 수밖에 없습니다. 그러기 위해서 우리는 '나'를 '자아'라는 말로 객관화시켜야 합니다. 현대 심리학에서 자아는 인간 내부의 경험의 주체이며, 적어도 인간이 살아가는 동안 함께하고, 의도적인 행위를 할 수 있는 행위자로 간주됩니다. 이러한 자아들이 80억이나 존재하고 있습니다.

니까야에서 부처님은 '자아는 이러한 것이다'라고 분명히 정의를 내린 적이 없습니다. 그 대신 오온의 하나 하나를 열거하며 다음과 같이 설합니다.

"비구들이여, 몸은 영원한가, 무상한가?"

"무상합니다."

"무상한 것은 만족스러운가, 불만족스러운가?"

"불만족스럽습니다."

"무상하고, 불만족스럽고, 변질되는 것을 '이것은 나

의 것이다', '이것은 나이다', '이것은 나의 아뜨만이
다'라고 할 수 있는가?" "아닙니다." … "그러므로 몸
이 과거이거나, 미래이거나, 현재이거나, 내적이거
나, 외적이거나, 크거나, 작거나, 못났거나, 잘났거나,
멀리 있거나, 가까이 있거나 모든 몸에 대해 올바른
지혜로 여실히 다음과 같이 알아야 한다. '이것은 나
의 것이 아니다', '이것은 내가 아니다', '이것은 나의
아뜨만이 아니다'라고."

몸[色]을 시작으로 해서 느낌[受]·생각[想]·의도[行]
·인식[識]이라는 나머지 네 가지 온에 대해서도 같은 식
의 문답을 진행합니다. '나'를 의미한다는 오온의 하나 하
나를 거명하며, 이들이 자아도 아뜨만도 아니라고 부정하
는 이상한 논법을 구사하고 있는 것입니다. 오온은 위에
서 언급했듯이 초기불교 니까야에서 세상을 설명하는 다
양한 분류법 가운데 하나입니다. 오온의 다섯 지분은 몸
을 의미하는 루빠(rūpa, 色)을 제외하고는 모두 정신 작용
[名, nāma]과 관련이 있습니다. 다섯 지분은 자아를 구성하
는 요소라고 하지만, 정신과 물질, 곧 명색으로까지 그 범

위가 확장될 수 있습니다. 오온에서 몸을 의미하는 루빠의 정의에 물질이 포함되고, 물질과 연결된 정신 작용까지 그 범위가 확장되기 때문입니다. 니까야에서 십이처·십팔계의 실재를 부정하는 담론은 흔하지 않습니다. 반면 오온에 대해서는 거의 부정으로 일관하고 있습니다. 나와 세상의 상호 작용과 연계를 염두에 둔 오온·십이처·십팔계의 분류법에서 오온에 대해서만 유독 부정적인 해설로 일관한 이유는 무엇일까요? 우리는 이를 통해 무엇을 알 수 있을까요?

부처님의 설법은 우리를 자유롭게 하기 위한 것입니다. 이는 부처님 시대의 사상가와 수행자들이 보여준 아뜨만에 대한 지나친 집착과 몰두, 그리고 아뜨만의 완전성과 영원성에 대한 과도한 해석과 추종에 대한 경종입니다. 자아는 육체와 정신 작용으로 이루어진 현상일 뿐으로 항구적인 것도 아니며, 따라서 내 마음대로 되는 것도 아닌데, 거기 어디에 당신들이 말하는 그런 아뜨만이 있냐는 반문으로 이해해야 합니다.

가장 초기 형태의 승단의 모습과 부처님의 최초의 설법을 기록한 빨리어 『율장』에는 붓다의 깨달음 전후의 상황과 첫 법문 내용들이 생생히 기록되어 있습니다. 부처님은 깨달음 이후에 첫 제자인 다섯 비구에게 최초의 설법을 하게 됩니다, 그들은 사실 부처님의 깨달음 이전에 함께 고행했던 동료였습니다. 중도, 팔정도와 사성제 등으로 시작되는 최초의 법문을 듣고 다섯 비구는 법의 눈[法眼]을 얻게 되었고, 출가하여 구족계를 받습니다. 그 후에 부처님은 이들 다섯 비구에게 위에서 언급한 '존재의 세 가지 특징'과 관련하여 오온에 대해 순차적으로 설법합니다. 다섯 비구는 그 교설을 들은 후에야 비로소 세상에 대한 집착을 버리고 아라한이 됩니다.

다른 사상과 구분되는 불교 철학의 가장 큰 특징은 무아설이라고 알려져 왔습니다. 그런데 가만히 보면 이 논의는 보통 사람들의 일상에서는 그리 다급한 문제로 보이지 않습니다. 이 논의는 일반 범부보다는 오랜 기간 학습하고 수행한 불제자들을 위한 교설이라 생각됩니다.

이왕 이런 저런 생각을 했으니, 우리도 이 기회에 이 오온에 관한 교설을 되짚어 보면 좋겠습니다.

정말 내가 없다는 말인가

최근 대학 교양 수업에도 '나는 누구인가'와 같은 강좌들이 개설되어 있습니다. "내가 나를 모르는데 넌들 나를 알겠느냐?" 가르치는 입장에서는 이런 말을 하고 싶기도 합니다. 어디서 많이 들어본 것 같죠? 오래 전에 큰 인기를 끌었던 노래 가사입니다. '타타타(Tathātā)'라는 이 노래의 제목도 무척 불교적입니다. 이 제목은 '있는 그대로', '여여(如如)'를 뜻합니다. 자신을 있는 그대로 볼 수 있다면 달리 깨달음을 추구할 필요도 없겠지요.

에스키모는 눈의 빛깔을 나타내는 말을 50여 종으로 표현한다고 합니다. 자신을 둘러싼 모든 것이 눈이기에 그들은 동틀 녘 눈의 빛깔과 석양이 질 무렵 눈의 빛깔을 구별했던 것이겠지요. 인도인들은 바로 이 눈의 빛깔만큼 다양한 자아에 대한 호칭을 갖고 있습니다. 자아의 생명력을 강조할 때는 호흡이라는 의미의 쁘라나(prāṇa), 사람임을 강조할 때는 마누스야(manuṣya), 존재성을 강조할 때는 삿뜨바(sattva), 남성적인 의미를 강조할 때는 뿌루샤 (puruṣa)를 사용합니다. 잘 아시는 『금강경』의 아상, 인상, 중생상, 수자상은 각기 아뜨만, 개인(pudgala), 중생(sattva), 살아 있는 존재(jīva)에 대한 관념을 말합니다. 베다를 포함한 브라만교의 문헌과 불교 문헌 모두에서는 자아와 인간을 의미하는 다양한 용어들이 이렇듯 관용적으로 나열됩니다. 그만큼 관심이 많다는 이야기지요.

인도 철학에서 자아에 대한 사변의 절정으로 오장설 (五藏說)을 들 수 있습니다. '다섯 층으로 이루어진 아뜨만' 을 의미하는데요, 마치 양파와 같이 거칠고 큰 겉껍질 같은 자아 안에 또 다른 겹의 자아가 있고, 이런 식으로 다섯 겹의 자아가 존재한다는 이야기입니다. 이 설을 빤짜꼬샤 (pañcakośa, 五藏)라고 하는데, 힌두교의 성전인 우빠니샤드에 나타나는 이 내용은 당시 사상가들에게도 널리 알려져 있었던 것으로 보입니다. 아뜨만은 몸, 호흡, 마음, 지성, 환희로 이루어졌으며, 이 다섯 겹 가운데 가장 심층인 지고의 '환희'가 아뜨만의 본질이라고 합니다. 브라만교 철학에서 아뜨만, 곧 자아의 본질은 이렇듯 명백히 실재하는 완전하고 영원한 존재입니다. 이것이 자신의 본모습임을 깨닫는 것이 그들에게는 바로 해탈입니다.

부처님도 '나'를 다섯으로 분류했습니다. 몸·느낌·생각·의도·인식입니다. 이 다섯은 우빠니샤드에서 말하는 다섯 가지와 유사한 듯 보입니다. 사실 '의도'를 제외하고는 거의 같습니다만 주장하는 바는 정반대입니다. 불교는 이 다섯 가지 어디에도 '나'라고 할 만한 것이 없으며, 이는 본질적으로 무상하고 만족스럽지도 않다고 말합니다. 그런데 유심히 살펴보면 우빠니샤드 철학에서는 '의도' 대신 '지고의 환희'를 말합니다. 이 차이가 바로 바라문교와 불교의 차이라고 볼 수 있습니다. 부처님께서 오온 각각에 대해 위에서 언급한 문답 형식으로 대화를 이끌었을 때, 제자들은 이러한 담론에 익숙한 듯 모두 "그렇지 않다"고 대답합니다.

불교 철학을 공부하면서 언어와 문해력이 상당히 중요하다는 생각을 하게 됩니다. 어떤 개념을 그냥 한글로만 읽었을 때, 한자로 읽었을 때, 산스끄리뜨어나 빨리어로 읽었을 때, 그 개념에 대한 이해에 차이가 있습니다. '원어로 읽는 것이 최고'라고 말하는 것은 아닙니다.

어느 때는 익숙해진 한역 용어가 찰떡같이 편할 때

가 있고, 어느 때는 도저히 감을 잡을 수 없는 용어가 원어의 분석을 통해 절로 이해되는 경우도 있습니다. 그 대표적인 용어를 예로 들자면 전자는 '인연(因緣)'이고 후자는 '행(行)'입니다. 인연에 대해서는 더 이상 설명이 필요 없을 정도입니다. 모든 것은 '인연소관'이라고 인생을 달관하신 어르신들 주위에 많이 계시지요? 그런데 '행'은 정말 이해하기 어렵습니다. '행'은 우리에게 행위나 활동을 의미하는 말로 이해되는데 불교에서의 '행'은 좀 다른 의미입니다.

혹시 불교 철학을 교양 강좌로 수강했던 학생이 이 책을 보고 있다면, 시험 문제에 나올지도 모르는 오온(五蘊)의 색(色)·수(受)·상(想)·행(行)·식(識)을 달달 외었던 기억이 있을 겁니다. 오온이라는 용어도 생소한데 여기에 왜 '색'이 있고 '행'이 있는 것일까요? 그리고 왜 모든 것이 무상하다고 한 것일까요?

'행(行)'이라고 한역된 말의 본래 원어는 산스끄리뜨어 '산스까라(saṃskāra)'입니다. 니까야에서는 빨리어로 '상카라(saṅkhāra)'라고 합니다. 이 용어는 본래 어근이 'kṛ'로, 영어의 'do' 동사와 그 의미나 활용법이 비슷하니다. 기본적으로 행위를 말하지요. 그런데 여기에 접두어 'sam'이 붙습니다. 이 'sam'은 우리가 아는 그 쌈과 발음이 유사합니다. 바로 상추쌈, 배추쌈에서 말하는 그 '쌈'이죠. '여럿이 만나 하나가 되는 것'입니다.

산스까라(saṃskāra)는 행위들이 점점 쌓여가는 상황을 생각하면 됩니다. 행위가 누적되면 무게와 힘이 생기고, 무게와 힘이 생기면 이어서 관성이 생깁니다. 조그만 눈덩이가 언덕 위에서 구르다가 큰 눈덩이가 되어 그 무게로 밀고 나가는 것을 상상해봅시다. 처음 구르기 시작한 눈덩이는 작은 반동이나 장애물에 의해서도 다른 방향으로 굴러갈 수 있습니다. 하지만 점차 커진 눈덩이는 자체의 관성으로 밀고 나갑니다. 행위가 거듭되면서 점차 통제가 어려운 상황이 되어가는 것입니다. 산스까라, 곧 행은 따라서 일회성 행위를 의미하는 것이 아닙니다. 반복되면서 무게를 갖게 된 행위, 곧 어떤 성향이나 의도를 의미하게 되지요. 그래서 영어로는 '형성(formation)'이나 '의지(volition)'라고 번역하기도 합니다. 사소한 행위도 계속 쌓이게 되면 나중에는 통제가 안 되는 무게를 갖게 되는 경우가 많습니다. 업(業)이 되는 것이지요. 그래서 까르마(karma), 곧 업은 의도(cetanā)와 동의어이며, 바로 이 의도가 산스까라(saṃskāra), 곧 행을 의미합니다. 의도에 따른 신체적·언어적·정신적 활동이 바로 '행'인 것입니다.

'sam'이라는 접두사가 붙은 용어가 오온 가운데 또 하나 있습니다. '산즈냐(saṃjñā, 想)'입니다. 산즈냐는 빨리어로 '산냐(saññā)'이고, '생각 상(想)'으로 한역되었습니다. 눈[目]이 나무[木]와 만나 내 마음[心] 위에 뜬 상황을 생각하면 됩니다. 곧 감각 기관과 대상이 만나 마음에 그 모습이 투영되어 알게 되는 상황이라고 보면 됩니다. 그래서 표상 작용이라고도 합니다. 이왕 여기까지 왔으니 왜 불교가 무아설을 주장한다고 하는지 알아보도록 합시다.

불교의 기본 입장은 모든 존재는 반드시 언젠가는 소멸한다는 것입니다. 우리가 사는 세상을 불교에서는 유위(有爲)의 세계라고 말합니다. 곧 행위로 만들어진 세계라는 말입니다. 이 유위 세계의 특징은 무상함입니다. 영원하지 않다는 말입니다. 본래 이 말은 이 세상의 덧없음을 지적하고 있는 것이지 존재의 순간성을 설하고자 한 것이 아닙니다. 하지만 시간의 흐름에 따라 차츰 학문적으로 체계화되면서 불교는 굳이 표현하자면 번쇄한 철학이 되어갑니다. 이렇게 되자 존재의 무상함은 '찰나'로 해석되게 됩니다. 니까야에서는 몸과 마음을 구성하는 다섯 가지 온이 '아뜨만'이 아님을 분명히 합니다. 그래서 비아(非我)로 이해하기도 합니다. 그러나 존재의 무상함을 찰나설로 해석하게 되면서 '나' 또는 '자아'라고 내세울 만한 고정적 실체는 없다는 이해가 주를 이루게 됩니다.

'몸은 지배당할 수 있지만 마음만은 고결하다'라고 말하는 이들을 고금을 통해 많이 봐왔습니다.『상윳따니까야』의 한 경에서는 몸이든 마음이든 이를 '나'라고 집착하는 것은 어리석다고 말합니다. 부처님은 마음이나 생각, 의식 등을 '나'라고 생각하는 이들의 어리석음을 힐난합니다. 몸은 50년도 지속되고 100년도 지속될 수 있지만, 마음은 마치 원숭이가 이 나무 가지를 잡았다 놓고 또 다른 나무로 옮겨 가는 것처럼 단 한시도 가만히 있지 못한다고 합니다. 몸보다도 못 미더운 것이 마음이라는 말입니다.

그럼 몸과 마음을 구성하는 오온에 대해 좀 더 분석해 보겠습니다.

몸은 땅·물·불·바람의 네 가지 근본 물질과 이로부

터 파생된 2차적 물질로 이루어졌습니다. 이를 루빠(rūpa, 色)라고도 하는데, 몸에 있는 감각 기관과 그 외부에 있는 감각 기관의 대상까지 포괄합니다. 따라서 형체가 없는 소리나 향기, 맛, 촉감까지도 루빠이므로 그 범위가 모습을 가진 물질뿐만 아니라 그 너머까지 확대됩니다. 감각 기관과 감각 대상의 접촉에 의한 느낌[受, vedanā]으로 생각[想, saññā]이 일어납니다. 이로 인해 생긴 지각 이미지는 과거로부터 축적된 반복된 행위[行, saṅkhāra], 곧 경험으로 형성된 기억과 연결됨으로써 비로소 나의 주관적 인식[識, viññāna]이 됩니다. 이러한 앎은 찰나적으로 발생하고 이내 과거로 가버립니다. 새로운 마음은 이미 과거로 가버린 직전의 앎을 대상으로 일어납니다. 따라서 마음의 대상은 결국 자기가 만든 기억인 셈입니다. 다섯 지분의 관계를 통해 본 오온의 작용은 이상과 같으며, 십이처·십팔계의 경우도 유사합니다. 여섯 가지 인식 가운데 의식을 제외한 안식·이식·비식·설식·신식의 다섯 가지 식은 현재의 대상에 대해서만 작용하지만, 의식은 과거뿐 아니라 미래의 대상에 대해서도 작용합니다. 또한 앞선 5식[前五識]은 이미 과거로 가버렸으므로 이를 기억하는 마음[意]이 다

시 마음의 대상인 법[法處, 法界]이 됩니다. 따라서 마음의
대상인 법은 모든 요소[法, dharma]에 적용됩니다. 결국 우
리가 지각하는 세상은 자기가 만들어 낸 기억의 투영이라
할 수 있습니다.

'나'를 찾아 나서면 우리는 먼저 몸을 발견하게 됩니
다. 그리고 감각 기관과 대상의 접촉에 따른 느낌·생각·
의도·인식 등 일련의 정신 작용이 발견됩니다. 그러나 우
리는 여기서 자아를 끄집어낼 수 없습니다. 경험이라는
태풍 속에 진입했지만 태풍의 눈인 '자아'는 찾아낼 수 없
다는 말입니다. 감각 기관과 감각 대상의 접촉에서 비롯
된 경험의 축적에 의해 형성된 관성의 작용만 있을 뿐, 우
리는 고정적 실체로서의 '자아', 또는 현상의 배후 지배자
로서의 '자아'를 발견할 수 없습니다.

전생까지 가지 않더라도 우리는 우리가 쌓은 행위
에서 자유롭지 않습니다. 인간 정신은 반복적인 것에 쉽
게 매몰됩니다. 오늘의 내 생각은 어제 추구했던 것과 90
퍼센트 정도 비슷하다고 합니다. 관성의 힘이 우리의 사
고와 행동을 통제한다고 볼 수 있습니다. 자신을 통제하
는 것은 결국 자기 자신의 습관적 사고와 행위입니다. 우

리는 잘 인식하지 못하지만 우리가 하는 행위는 극히 일부 무조건 반사를 제외하고는 거의 조건 반사적 행위입니다. 지금 내가 배고픈 것도 이 시간에 늘 식사를 했기 때문입니다. 우리의 행위는 감각 기관과 대상의 접촉과 상호 작용에서 비롯된 경험의 축적에 의해 형성된 관성 작용일 뿐입니다.

이 모든 만들어진[諸行, sabbe saṅkhārā] 세상이 무상(無常)이든 또는 고(苦)이든 우리의 행위가 쌓여서 그러한 것이지, 다른 누가 조성한 것이 아닙니다. 우리 자신이 만든 세상이 바로 제행무상(諸行無常)이고 일체개고(一切皆苦)입니다.

태어난 모든 것이 결국은 죽게 되는 세상은 덧없습니다. 세상이 내가 바라는 대로 되지 않는 것도 결국은 이제까지 내가 지은 관성의 힘 때문입니다. 따라서 그 어느 것[諸法, sabbe dhammā]에도 '나'라고 할 만한 고정적 실체는 없다는 것이 이 세상의 실상입니다.

이 내용을 고찰하면 근저에 시간이 자리 잡고 있음을 알 수 있습니다. 과거·현재·미래를 거치면서 생로병사를 겪고, 과거로부터의 행위들이 쌓여 그 무게가 관성으로써 현재에 작용하며, 내가 쌓아온 업력으로 인해 세상은 지금 내가 바라는 바대로 되지 않는데, 어떻게 여기에 변함없는 '나'라는 것이 있을 수 있겠냐는 것입니다. 영국 철학자 흄(Hume)도 같은 말을 합니다. 나 자신을 들여다보면 육체를 찾아내는 것은 어렵지 않습니다. 좀 더 들어가면 다양한 감각과 그 대상을 발견할 수 있습니다. 느낌·생각·의도·식별 등 우리의 사고 과정이 감지됩니다. 그런데 여기서 '나'를 찾아낼 수는 없습니다. 경험이라는 폭풍 속에 진입하더라도 폭풍의 눈인 '자아'는 찾아낼 수 없는 것입니다. '나'는 고정된 존재가 아닌 변하는 존재입니다. 따라서 아주 작은 각도라도 방향을 틀면 다른 길로 갈 수 있습니다.

저도 이제는 항상 가던 길만 가지는 않으려고 합니다. 새롭게 리셋도 하고 싶습니다.

네 가지 성스러운 진리

부처님 말씀 가운데 가장 중요한 것이 무엇일까요? 이런 질문 자체가 우문이기는 하지만 어떤 이는 연기설이라고도 하고, 어떤 이는 삼법인이라고도 합니다. 어떤 이는 무아설이 중요하다고 말합니다. 사실 불교의 주요 교리는 서로 연결되어 있어 동일 내용을 서로 다른 말로 표현하고 있다고 해도 과언은 아닙니다. 부처님은 현실적 문제의 해결에 도움이 되지 않는 형이상학적 견해에 집착하는 것을 단호하게 반대했다고 합니다. 우리들은 살아가면서 다양한 괴로움을 겪습니다. 병마의 괴로움, 경제적 괴로움, 가족 간의 갈등에서 오는 괴로움, 사회적 소외감에서 오는 괴로움, 때로는 전쟁의 참화를 겪는 괴로움 등 자신에서 시작해 세계 곳곳까지 범위를 넓혀보면 정말 이루 말할 수 없이 다양한 고통이 있습니다. 세상이 어떻게 시작되었는가를 궁금해 하기보다는 이 모든 괴로움에서 벗어나는 것이 우리 중생들의 일차적 관심사가 아닐런지요?

　　부처님의 출가 동기도 인간 고통을 직접 목격한 경험
에서 비롯되었다고 합니다. 그 사연은 사문유관(四門遊觀)
혹은 사문출유(四門出遊)라고 알려진 이야기에 담겨 있습
니다. 부처님은 까삘라성의 동·남·서의 세 문 밖으로 나
갔다가 늙어감의 비참함, 병마의 고통, 피할 수 없는 죽음
과 남겨진 이들의 슬픔을 목격하고 상심하게 됩니다. 그
리고 마지막으로 북문 밖에서 수도승인 사문을 보고 출가
를 결심하게 됩니다. 앞에서 설명한 바와 같이 그 당시 인
도에서 출가는 특이한 일이 아니었습니다. 왕족의 출가
또한 그 당시에는 희귀한 일이 아니었습니다. 자이나교의
교주인 마하비라도 부처님과 마찬가지로 끄샤뜨리아 출
신이었습니다. 많은 사문들이 자유로운 사상을 개진했고,
고행을 하는 이들도 많았습니다. 자이나교의 경우 까르마
를 제거하기 위해 극심한 고행을 했고, 새로운 까르마의
유입을 막기 위해 아예 행위를 멈추는 고행을 하기도 했
습니다. 그 무렵 새롭게 일어난 북인도의 통일 제국인 마
우리아 왕조의 시조 짠드라굽타왕은 자이나교에 출가하
여 스스로 단식사를 선택하기도 했습니다.

부처님은 「초전법륜경」에서 중도(中道)와 팔정도(八正道)에 이어 사성제(四聖諦)의 가르침을 다음과 같이 설합니다. 그 내용을 『상윳따니까야』에서 그대로 옮깁니다.

이와 같이 나는 들었다. 한 때에 세존께서는 바라나시에서 이시빠따나의 녹야원에 머무셨다. 거기서 세존께서는 다섯 비구를 불러서 말씀하셨다. "비구들이여, 출가자가 가까이하지 않아야 할 두 가지 극단이 있다. 무엇이 둘인가? 그것은 저열하고 촌스럽고 범속하고 성스럽지 못하고 이익을 주지 못하는 감각적 욕망들에 대한 쾌락의 탐닉에 몰두하는 것과, 괴롭고 성스럽지 못하고 이익을 주지 못하는 자기 학대에 몰두하는 것이다. 비구들이여, 이러한 두 가지 극단을 의지하지 않고 여래는 중도를 완전하게 깨달았나니, [이 중도는] 안목을 만들고, 지혜를 만들며, 고요함과 최상의 지혜와 바른 깨달음과 열반으로 인도한다."

"비구들이여, 그러면 어떤 것이 여래가 완전하게 깨

달았으며, 안목을 만들고 지혜를 만들며, 고요함과 최상의 지혜와 바른 깨달음과 열반으로 인도하는 중도인가? 그것은 바로 여덟 가지 성스러운 길이니, 즉 바른 견해, 바른 사유, 바른 말, 바른 행위, 바른 생계, 바른 정진, 바른 알아차림, 바른 삼매이다. 비구들이여, 이것이 바로 여래가 완전하게 깨달았으며, 안목을 만들고 지혜를 만들며, 고요함과 최상의 지혜와 바른 깨달음과 열반으로 인도하는 중도이다."

"비구들이여, 이것이 괴로움의 성스러운 진리[苦聖諦]이다. 태어남도 괴로움이다. 늙음도 괴로움이다. 병도 괴로움이다. 죽음도 괴로움이다. [걱정, 탄식, 육체적 고통, 정신적 고통, 절망도 괴로움이다.] 싫어하는 이들과 만나는 것도 괴로움이다. 좋아하는 이들과 헤어지는 것도 괴로움이다. 원하는 것을 얻지 못하는 것도 괴로움이다. 요컨대 취착하는 오온[五取蘊] 자체가 괴로움이다."

"비구들이여, 이것이 괴로움의 일어남의 성스러운

진리[苦集聖諦]이다. 그것은 바로 갈애이니, 다시 태어남을 가져오고, 즐김과 탐욕이 함께하며 여기저기서 즐기는 것이다. 즉 감각적 욕망에 대한 갈애[欲愛], 존재에 대한 갈애[有愛], 존재하지 않음에 대한 갈애[無有愛]가 그것이다."

"비구들이여, 이것이 괴로움의 소멸의 성스러운 진리[苦滅聖諦]이다. 그것은 바로 그러한 갈애가 남김없이 빛바래어 소멸함, 떠남, 버림, 놓아버림, 벗어남, 해탈, 집착 없음이다."

"비구들이여, 이것이 괴로움의 소멸로 인도하는 길의 성스러운 진리[苦滅道聖諦]이다. 그것은 바로 성스러운 여덟 가지 길이니, 즉 바른 견해, 바른 사유, 바른 말, 바른 행위, 바른 생계, 바른 정진, 바른 알아차림, 바른 삼매이다."

부처님은 이 사성제가 체험을 통해 스스로 터득한 진리임을 밝혔습니다. 이를 분명히 드러냈고, 권장했고, 완벽히 행했습니다.

"비구들이여, 내가 이와 같이 세 가지 양상과 열두 가
지 형태를 갖추어서 네 가지 성스러운 진리를 있는
그대로 알고 보는 것이 지극히 청정하게 되었기 때문
에 나는 위없는 바른 깨달음을 실현했다고 신과 마라
와 범천을 포함한 세상에서, 사문, 바라문, 신과 사람
들을 포함한 무리 가운데서 스스로 천명했다. 그리고
나에게는 '나의 해탈은 확고부동하다. 이것이 나의
마지막 태어남이며, 이제 더 이상의 다시 태어남은
없다'라는 지혜와 통찰력이 생겼다."

세존께서는 이렇게 말씀하셨다. 다섯 비구는 마음이
흡족해져서 세존의 말씀에 크게 기뻐했다. 이 상세한
설명이 설해졌을 때 꼰단냐 존자에게는 '일어나는 법
은 그 무엇이건 모두 소멸하기 마련이다'라는 티 없
고 때 없는 법의 눈이 생겼다. 이와 같이 세존께서 법
륜을 굴리셨을 때 땅의 신들이 외쳤다. "세존께서는
바라나시에 있는 이시빠따나의 녹야원에서 이러한
위없는 법륜을 굴리셨나니, 어떤 사문도 바라문도 신

도 마라도 범천도 이 세상의 그 누구도 이것을 멈추게 할 수 없도다."

사성제에 대한 가르침은 널리 알려져 있지만 경전 내용 그대로 소개되는 예는 많지 않습니다. 니까야의 가르침이 암송과 구전으로 전승되어 반복적인 문구가 많다 보니 아무래도 축약된 내용으로 알려지는 경우가 많은데, 위에서 인용한 내용도 후반부를 생략한 것입니다.

「초천법륜경」에 따르면 사성제는 부처님이 체험으로 확증한 것이고, 세 단계에 걸쳐 완전히 증득한 것입니다. 이를 3전12행(三轉十二行)이라고도 합니다. 첫 번째 굴림은 '이것이 고통, 고통의 일어남, 고통의 소멸, 고통의 소멸에 이르는 길'이라는 진리를 드러내는 것입니다. 두 번째 굴림은 그 각각이 완전히 알려져야 하고, 끊어져야 하고, 실현되어야 하고, 수행되어야 한다는 것입니다. 세 번째 굴림은 그 각각이 분명하게 알려졌고, 끊어졌고, 실현되었고, 수행되었다는 것입니다. 요약해보면, 첫 번째 단계에서 사성제라는 진리를 분명하게 알고 보았고, 두 번째 단계에서 사성제가 반드시 행해져야 함을 명확히 인지했고, 세 번째 단계에서 확정된 진리로서의 사성제를 완전히 증득했다는 것입니다.

　사성제는 '고(苦)'에 대한 통찰로부터 시작합니다. 불교 이전의 바라문 전통에 속하는 대부분의 종교 문헌은 신과 관련된 이야기로 시작합니다. 이와 대조적으로 부처님은 바로 내 발등에 떨어진 '고'라는 불똥을 끄는 것이 가장 시급한 문제라고 보았습니다.

　그런데 최초의 설법에서 부처님은 사성제를 설하기 전에 가장 먼저 중도에 관해 이야기합니다. 중도는 일반적으로 한쪽에 치우치지 않는 바른 도리라고 이해됩니다. 또한 상견(常見)과 단견(斷見)을 떠난 중도라는 해설이 꽤 자주 더해집니다. 부처님의 최초 가르침, 그 가운데서도 가장 먼저 등장한 가르침인 중도는 철학적 성격의 것이 아닙니다. 이 중도설을 통해 부처님은 그 당시 종교 사상계의 두 가지 관행을 비판했습니다. 하나는 자신의 이익과 쾌락을 추구하는 이기적이고 기복적인 브라만교의 제식주의이고, 다른 하나는 깨달음을 얻는 데 아무런 실익이 없는 슈라마나의 고행주의입니다. 부처님은 심오한 철학 이야기보다는 당장 나를 힘들게 하는 눈앞의 문제부터 풀어냈습니다. 설법 대상인 수행자 제자들에게 당시 그들이 혼돈스러워했던 문제들을 짚어주었던 것입니다. 따라서 중도는 어정쩡한 가운뎃길을 말하는 것이 아닙니다. 중도는 깨달음으로 이끄는 바르고 적합한 여덟 가지 방법입니다. 부처님은 둘러 둘러 '진리는 동굴 …'과 같은 애매한 말로 제자를 혼란스럽게 하지 않고, 자신이 증득한 바른 방법을 정확히 제시했던 것입니다.

고통의 본질

한창 바쁠 때는 아플 여유도 없을 때가 있습니다. 진도가 안 나가던 글쓰기가 어느 날 물꼬가 트이면 끼니도 잊고 작업에 몰두하기도 합니다. 지나고 나서 보면 그리 대단한 내용도 아닌데 말입니다. 현대인들은 뭔가에 과하게 몰두한 상태로 살고 있다는 생각이 듭니다. 대학 입시를 위해서, 취업을 위해서, 내 집을 갖기 위해서 말이지요. 이렇게 달리다가 문득 숨이 잘 안 쉬어지고 잠도 잘 수 없는 상황에 직면하기도 합니다. 병원 처방을 받아야 할 지경에 이르러서야 너무 앞만 보고 달렸다는 생각을 하게 됩니다. 나에게 무엇이 부족하고 무엇이 문제인지 반추할 여유도 여력도 없이 살다가 어딘가 고장이 난 다음에야 자신을 돌보게 됩니다.

아무리 힘들어도 잘 될 거라는 보장이 있으면 고된 현실을 잊을 수 있습니다. 종교가 그 역할을 해주는 경우가 많지요. 부처님 당시에는 엄격하게 제식을 행하는 것으로 천상을 보장 받을 수 있다고 생각하는 사람들이 많았습니다. 따라서 신의 대리자인 브라만 사제의 권위가 막강했습니다. 지금 우리는 어떤가요? 예전과 달리 사람들은 종교에 매달리지 않습니다. 대입이 코앞인 수험생들은 절이나 교회에 가지 않습니다. 절이나 교회에 가는 이들은 주로 어머니들이고, 절박한 사람 본인들은 차라리 잠시라도 중압감을 잊고 싶어 합니다. 자기를 힘들게 하는 고통의 본질에 가까이 가려 하지 않습니다.

　　부처님 당시 삶의 근본적 고통은 신이 해결해줘야만 하는 것이었습니다. 그래서 신에게 더 철저히 의존해야 했고, 신과 인간을 매개하는 브라만들이 사람들 위에 군림했습니다. 그런데 어느 때부터인가 다른 방법을 모색하는 사람들이 나타났습니다. 신이 아닌 자신의 힘으로 스스로의 문제를 해결하려는 사문들이었습니다. 그 사문들 가운데 고따마가 있었습니다. 그는 사문으로 출가하기 전에 이미 생로병사를 겪는 인간의 삶이 필연적으로 고일 수밖에 없음을 통찰했습니다. 당시 다른 종교의 가르침에 따르면 고통은 자신의 힘으로 해결할 수 있는 것이 아니었고, 그 고통을 해결할 방법도 구체적이지 않았습니다.

부처님은 현실과 상관없는 저 너머의 허상을 쫓기보다는 내 발등 위의 불을 끄는 것이 더 시급하다고 생각했습니다. 부처님이 「초전법륜경」에서 설한 사성제(四聖諦)의 핵심은 고(苦)의 본질을 이해하고, 그 소멸의 길을 제시하는 것입니다. 부처님은 먼저 고, 곧 둑카(dukkha)를 몇 가지로 분류합니다. 첫 번째는 생로병사의 고입니다. 두 번째는 싫은 이와 만나는 고이고, 세 번째는 좋아하는 이와 헤어지는 고이며, 네 번째는 원하는 것을 얻지 못하는 고입니다. 요컨대, 집착의 대상인 오온(五蘊) 자체가 고라는 것입니다. 사실 고(苦)의 원어인 산스끄리뜨어 두흐카(duḥkha)의 의미는 고통과는 약간 차이가 있습니다. 이 단어는 'dus'와 'kha'로 분리될 수 있는데, 전자는 '나쁘다, 어렵다, 원활하지 않다' 등의 의미이고, 후자는 '바퀴 축이 끼이는 바퀴 중심의 구멍'이라는 의미라고 합니다. 따라서 '두흐카'는 잘 굴러가지 않는 어떤 상태를 의미합니다. 다시 말하자면 뭔가가 원하는 바대로 되지 않는 상태를 의미합니다.

학생들에게 삼법인(三法印)의 일체개고(一切皆苦)를 설명할 때마다 저는 젊은 청년들이 이것을 납득할 수 있을지에 대해 의문을 갖곤 합니다. 아마도 그들은 이렇게 생각할 것 같습니다. "세상에는 좋은 곳도 많고, 맛있는 것도 널려 있고, 나도 이렇게 건강하다. 이를 즐길 수 있는 돈이 없을 뿐이지 세상이 왜 고란 말인가?" 둑카는 니까야가 영어로 번역될 때 서구에서도 주로 괴로움(suffering)으로 번역되었습니다. 이런 것을 보면 둑카는 동서고금을 막론하고 공감할 수 있는 개념이었던 것 같습니다. 그런데 괴로움이 모든 이에게 일괄적으로 느껴지는 것인지는 잘 모르겠습니다. 때로는 당장의 즐거움보다 괴로움을 선택하는 이들도 있고, 기꺼이 삶보다 죽음을 선택하는 이들도 있습니다. 둑카는 보다 근원적으로 해석하면 '바라는 바대로 되지 않음'을 의미합니다. 고는 분명히 우리 삶의 가장 큰 문제이지만, 그 내용은 상대적입니다.

부처님은 첫 번째 가르침에서 중도(中道)와 팔정도(八正道)에 대해 설법한 후, 고의 본질에 대해 자세히 설명합니다. 고에 대해서는 3고, 4고, 5고, 8고 등 다양한 해설이 있습니다. 하지만 「초전법륜경」에 분명히 정리되어 있듯, 이 모든 고는 오온에 대한 집착에서 나온 것입니다. 나도 내 마음대로 안 되는데, 하물며 뭘 더 바랄 수 있겠습니까?

　　니까야에서는 고를 크게 세 가지 양상으로 이해합니다. 먼저 일반적인 고[苦苦, dukkha-dukkha]는 추위나 더위 등 주로 육체적으로 느끼는 고통을 말합니다. 다음으로 무너져 가는 고[壞苦, vipariṇāma-dukkha]는 집착하는 대상이 무너지고 소멸해가는 모습을 볼 때 느끼는 정신적인 고통을 말합니다. 마지막으로 유위 세계의 고[行苦, saṅkhāra-dukkha]는 우리가 짓는 행위, 곧 업에 따라 지속되는 윤회의 고통을 말합니다. 고에 대한 부처님의 가르침은 단순히 고통에 대한 철학적 성찰이 아니라, 인간이 처한 상태에 대한 실제적인 진단입니다. 이는 의사가 질병을 진단하는 것에 비유되는데, 여기서 고는 질병이고, 갈애는 그 원인이며, 고의 소멸이 완치이며, 팔정도가 치료법입니다. 이런 식으로 고는 우리가 모두 직면한 문제이며, 현상 세계의 존재의 근거입니다. 고에 대한 부처님의 설법은 단지 고의 본질을 아는 것에서 그치지 않고, 그것의 뿌리가 갈망하는 마음(tanhā)에 있음을 알고, 바른 방법을 통해 이를 제거하는 것으로까지 나아갑니다.

세상이 굴러가는 방식

사람의 감정이란 참 상호적인 것 같습니다. 내 쪽에서 좋은 마음을 내면 상대방도 나를 좋게 생각하는 경우가 많았고, 싫은 마음을 내면 상대도 마찬가지였습니다. 물론 늘 그런 것은 아닙니다. 가족이나 가까운 지인들 간에는 서로 연결되어 있다는 느낌을 갖게 되는 경우가 있습니다. 누군가를 생각하면 그 사람에게서 전화가 오는 경험들 조금씩 있지 않나요? 요즘 많이들 얘기하는 '양자 얽힘'이 떠오르는데, 전문 지식이 부족해서 이에 대해 길게 이야기하지는 않겠습니다.

최근 점점 더 더워지는 여름과 그에 맞춰 하늘을 찌를 듯 치솟는 전기 요금을 보면 환경 문제는 도저히 우리를 비껴갈 것 같지 않습니다. 이제 모두 환경 문제를 자신의 일로 생각해야 될 것 같습니다. 그 어떤 행위도 반드시 자취를 남깁니다. '이것이 있으면 저것이 있다'는 이치를 잘 알면서도 그 결과가 즉각적으로 가시화되지 않으면 우리는 쉽게 그것을 망각해버립니다.

"연기를 보는 자는 법을 보고, 법을 보는 자는 연기를 본다."『맛지마니까야』「마하핫티빠도빠마 경(코끼리 발자국 비유의 긴 경)」에서 부처님은 이렇게 설합니다. 이를 보고 붓다의 깨달음이 바로 연기(緣起)라고 생각하는 분들이 많은데, 사실 이 유명한 경문은 니까야 가운데 이곳에서만 등장합니다. 빨리 율장인『비나야』「마하박가(대품)」에는 부처님이 깨달음을 얻은 후 십이연기(十二緣起)를 순관과 역관으로 관하며 삼매에 들었다고 합니다. 이곳에는 부처님의 깨달음 이후의 행적이 상세히 기술되어 있습니다. 깨달음의 내용이 무엇인지는 정확히 나타나지 않지만, 깨달음 이후 바로 십이연기를 관했다는 것은 연기설이 그만큼 중요하다는 의미일 것입니다.『비나야』에서도 초전법륜을 다루는데, 니까야와 동일하게 중도, 팔정도, 사성제를 차례로 논한 후 무아에 대한 교설까지 이어지지만, 십이연기에 대한 해설은 보이지 않습니다. 무슨 이유가 있을까요?

연기설에 대한 산스끄리뜨 명칭 쁘라띠뜨야삼우뜨빠다(pratītyasamutpāda)를 어원적으로 분석해보면 연기의 의미가 잘 떠오릅니다. 이 용어는 'prati'-'itya'-'sam'-'ut'-'pāda'로 분철됩니다. 이는 각기 '상대를 향해'-'가서'-'만나 하나가 되어'-'위로'-'움직인다'를 의미합니다. 세상을 구성하는 각 요소들이 부딪혀 펼쳐지는 모습을 그대로 형상화한 말입니다. 그 한자 번역어인 연기(緣起) 또한 '원인을 도와 결과를 일으키는'이라는 의미를 갖습니다. 연기설은 모든 현상의 상호 의존적 성격을 설명하며, 그 어떤 것도 독립적으로 또는 고립되어 존재하지 않는다는 점을 강조합니다. 이를 그대로 보여주는 연기의 공식이 있습니다.

이것이 있으면 저것이 있고, 이것이 생하기에 저것이 생한다.

Imasmin sati idam hoti, imassuppada idam uppajjati.

이것이 없으면 저것이 없고, 이것이 멸하기에 저것이 멸한다.

Imasmin asati idam na hoti, imassa nirodha idam nirujjhati.

여기서 굳이 빨리어 경문까지 실은 이유는 이 공식이 빨리어 문법을 활용하여 심오한 메시지를 전달하기 때문입니다. 이 빨리어 게송의 첫 번째와 세 번째 구(句)는 빠알리어에서 절대처격을 활용하고 있는데, 이것은 영어 문법책에 나오는 부사절과 비슷합니다. 장년층의 독자 분들이라면 『종합영어』를 기억하실 것입니다. 부사절은 이유, 조건, 양보, 부대 상황의 의미를 갖습니다. 위의 예문은 따라서 다음과 같이 몇 가지로 해석될 수 있습니다. ① '이것이 있기 때문에 저것이 있고', ② '이것이 있으면 저것이 있고', ③ '이것이 있더라도 저것이 있고', ④ '이것이 있을 때, 저것이 있고'. 이렇게 위의 예문은 상호 의존적인 다양한 상황을 표현할 수 있습니다.

세상의 모든 현상은 다양한 원인과 조건에 따라 발생합니다. 기본적으로 연기설은 인과 과정을 통해 이 세상이 어떻게 발생하고 소멸하는지를 설명합니다. 이 가르침은 고의 본질과 고의 소멸에 이르는 길을 이해하는 열쇠입니다. 십이연기는 우리가 사는 현상 세계, 곧 경험으로 이루어진 세계가 어떻게 펼쳐지는지를 설명합니다. 더 나아가 과거생과 현생, 그리고 내생을 잇는 윤회의 순환을 설명하기도 합니다. 십이연기의 열두 지분은 무명, 곧 어리석음이 어떻게 고와 내생으로 이어지는지, 어떻게 그 순환을 깨고 열반에 이를 수 있는지를 보여줍니다. 십이 연기를 구성하는 열두 지분은 다음과 같습니다.

어리석음[無明, avijjā]

무지함을 말하는데, 특히 사성제를 알지 못하는 어리 석음을 말합니다.

의도[行, saṅkhāra]

관성 또는 의도적 활동입니다. 어리석음으로 인해 신 (身)·구(口)·의(意) 삼업(三業)을 일으키는데, 이는 곧 까르마입니다.

인식[識, viññāṇa]

인식으로는 여섯 가지가 있습니다. 눈으로 보고 일어 난 인식, 귀로 듣고 일어난 인식, 코로 냄새 맡고 일어 난 인식, 혀로 맛보고 일어난 인식, 몸에 닿아 일어난 인식, 마음과 만나 일어난 인식이 그것입니다.

정신과 물질[名色, nāma-rūpa]

정신[名, nāma]은 느낌, 지각, 의도, 접촉, 집중을 말하고, 물질[色, rūpa]은 지(地)·수(水)·화(火)·풍(風)의 네 가지 근본 물질과 이로부터 나온 물질을 말합니다. 이는 존재의 정신적 측면과 육체적 측면으로, 마음과 몸, 또는 보다 포괄적으로 정신과 물질을 말합니다.

여섯 가지 감각 기관[六入處, saḷāyatana]

사람이 세상을 인식하는 데 사용되는 여섯 가지 기관, 즉 눈, 귀, 코, 혀, 몸, 마음입니다.

접촉[觸, phassa]

감각과 대상 사이의 접촉입니다. 예를 들면 시각과 형태의 접촉, 청각과 소리의 접촉입니다.

느낌[受, vedanā]

감각 대상과의 접촉에서 발생하는 느낌입니다. 즉 즐거운 느낌, 괴로운 느낌, 중립적 느낌을 말합니다.

갈애[愛, taṇhā]

각 감각 대상에 대한 강렬한 욕구입니다.

집착[取, upādāna]

강렬한 갈망으로 인해 사물이나 경험을 취하고자 하는 것입니다.

존재[有, bhava]

새로운 형성으로 이어지는 존재입니다. 욕계, 색계, 무색계의 세 가지 존재가 있습니다.

출생[生, jāti]

잉태하여 태어나 오온이 나타나고 감각 기관들이 생겨나는 것입니다. 곧 축적된 까르마의 결과로 인해 실제로 존재가 태어나는 것입니다.

늙음과 죽음[老死, jarā-maraṇa]

출생에 따른 피할 수 없는 결과이며, 노사와 관련된 '고'가 뒤따릅니다.

부처님이 깨달은 구체적인 내용이 무엇인지 딱 한 가지만을 찾아내라고 한다면 그런 것은 니까야에 명확히 나타나지 않습니다. 앞에서 언급했듯이 빨리 율장에 나타난 생생한 기록을 보면 부처님은 깨달음 직후 십이연기를 순차적으로 그리고 그 역으로 관하면서 삼매에 들었습니다. 부처님은 이때 대중들에게 설법하는 것을 포기하려 했습니다. 자신이 깨달은 내용을 대중들은 이해하지 못할 것이라고 판단했던 것입니다. 율장에 기록된 바와 같이 만약 브라흐마 사함빠띠가 이때 나타나 권청하지 않았다면 불법은 우리에게 영영 알려지지 않았을 수도 있습니다. 만약 십이연기가 부처님이 설법하기 어렵다고 판단했던 내용이라면 이는 공인된 '난제'인 것입니다. 저도 십이연기의 전개를 그 순서에 따라 학생들에게 이해시키기 위해 머리를 많이 썼던 것 같습니다. 오온에 대해 설명할 때처럼 인식 과정을 염두에 두고 설명하기도 하지만 딱 맞아떨어지지 않습니다. '인식[識]'과 '정신과 물질[名色]'은 이 두 지분의 상호 관계만으로도 연기설의 의미를 충분히 보여주는 것 같기도 합니다. 저는 일단 '어리석음[無明]'과 '의도[行]'부터 이렇게 설명을 시작했습니다.

"무식하면 용감하다!"

물론 이런 식으로 설명하면 안 됩니다. 좀 학술적으로 그 의미를 정리하자면 다음과 같습니다.

먼저 상호 의존입니다. 고립되어 존재하는 것은 없습니다. 모든 것은 다른 요인의 영향을 받습니다. 이것이 연기의 본질입니다. 조건이 있으면 결과가 따르고, 그 조건이 사라지면 결과도 사라집니다. 이 각각의 지분은 상호 의존되어 일어납니다.

다음으로 인과 관계입니다. 연기는 물리적 사건에서뿐만 아니라 정신 현상에서의 인과 관계도 반영합니다. 모든 존재를 끝없는 윤회의 순환에 갇히게 만드는 것은 결국 인과의 사슬입니다.

마지막으로 무아입니다. 연기는 또한 독립적이며 영원불변하는 자아가 없음을 강조합니다. 만물은 인연에 의해 생기므로 스스로 존재하는 '나'는 없습니다.

『상윳따니까야』「깟짜나곳따 경」에서는 바른 견해[正見]를 두 가지 극단적인 견해, 즉 '있다'라는 상견(常見)과 '없다'라는 단견(斷見)에 의지하지 않는 것이라 했습니다. 바른 견해를 가진 이는 그런 중도(中道)적 입장에 서

134

서 고의 일어남과 고의 소멸에 대해 의문을 가지지 않습니다. 이를 바탕으로 십이연기의 순차적 전개와 역으로의 소멸이 설해집니다. 연기법은 인과법과 조건설을 받아들이되, 그 인과 과정을 지배하는 어떠한 주체도 인정하지 않는다는 점에서도 중도로 간주됩니다.

"누구든 현상 세계에서 태어난 자는 노사(老死)를 피할 수 없다."

"생겨난 것은 반드시 소멸한다."

"노사(老死)라는 '고' 역시 생겨난 것이므로 소멸할 수 있다."

이상의 삼단논법이 가능합니다. 십이연기는 현상 세계의 발생과 소멸에 대한 체계적인 설명을 제공합니다. 따라서 '고'로부터의 해탈 가능성도 십이연기를 통해 설명될 수 있습니다. 첫 번째 지분인 어리석음은 사성제에 무지한 것을 말합니다. 연기법이 사성제와 밀접한 관계가 있음은 의심의 여지가 없습니다. 십이연기 가운데 '인식[識]'과 '정신과 물질[名色]' 사이의 상호 의존성은 십이처와 십팔계를 떠올리게 합니다. 곧 인식 주체와 그 대상의 관계를 보여주는 이 두 지분만으로도 세상의 펼쳐짐이 설명될 수 있습니다. 십이연기는 때로는 과거·현재·미래에 걸쳐 중첩된 인과 관계로 설명되기도 합니다. 이는 윤회를 염두에 둔 해석으로, 부파불교의 설일체유부라는 학파가 이러한 관점을 갖고 있었습니다.

어리석음[無明]	과거의 두 가지 원인 (과거에 지은 것)
의도[行]	
인식[識]	현재의 다섯 가지 결과 (현생에서 받고 있는 것)
정신과 물질[名色]	
여섯 가지 감각 기관[六入處]	
접촉[觸]	
느낌[受]	
갈애[愛]	현재의 세 가지 원인 (현생에 짓고 있는 것)
집착[取]	
존재[有]	
출생[生]	미래의 두 가지 결과 (내생에 받을 것)
늙음과 죽음[老死]	

'삼세에 걸친' 인과설에는 상당한 도덕적 교훈이 있습니다. 적어도 저에게는 그렇습니다. 죽어서 천국을 가든 지옥에 떨어지든, 많은 종교에서 이는 통과 의례일 뿐이며 단발성입니다. 인과가 세세생생에 꼬리를 물고 이어

진다는 것은 한 찰나도 허투루 살면 안 된다는 실로 강력한 메시지입니다. 게다가 우리는 혼자 살 수 없습니다. 나와 접촉하는 모든 사람이나 사물과 밀접히 연결되어 영향을 주고받습니다. 나만 잘 산다고 해결될 수 있는 문제는 없습니다. 그것이 연기의 세계입니다.

바른 선택을 할 수 있는 힘

좋은 시절에 태어나는 것도 큰 복입니다. 우리 모두는 복이 많습니다. 특히 현재 우리나라에서 살고 있는 사람들은 더더욱 그렇습니다. 다양한 정치·사회적 문제들이 있긴 하지만 우리 역사상 지금과 같은 풍요는 없었을 것입니다. 양극화가 심하다고는 하지만 다른 나라들과 비교해서 더 심각하지는 않을 것 같습니다. 대학 교육까지 받은 고학력자가 세계에서 가장 많은 나라인 만큼, 공공질서가 잘 지켜지는 편이고 시민 의식도 높습니다. 사실 나만 잘하면 됩니다.

우리는 매 순간 선택을 합니다. 대부분의 선택은 관성과 관행으로 하지만 주의 깊은 선택도 필요합니다. 바르게 살기 위해서는 매 순간의 선택에 더 신중해야겠지요. 《소피의 선택(Sophie's Choice)》이라는 영화가 있습니다. 80년대 초반에 만들어진 미국 영화입니다. 좋아하는 여배우 메릴 스트립이 여주인공이었는데, 이 영화에서 처음 그녀를 보고 팬이 되어버렸습니다. 메릴 스트립은 악역도 꽤 자주 하고 발랄한 역할도 많이 하는 팔색조의 배우입니다. 하지만 이 영화를 본 후로 저는 그녀를 보면 가슴이 저립니다.

선택할 수 없는 선택을 해야 하는 순간이 온다면 여러분은 어떻게 하시겠습니까? 절벽 끝에 세워 놓고 오른발을 먼저 뗄지 왼발을 먼저 뗄지 선택하라고 한다면 어떻게 할 건가요? 이 영화에서 여주인공은 나찌 수용소에 수용된 유태인으로 등장합니다. 그녀의 아름다움에 매혹된 나찌 장교가 그녀와 그녀의 두 자녀 중 한 명만 살려주겠다는 제안을 하고, 결국 그녀는 한 아이와 함께 살아남게 됩니다. 이후 그녀의 삶은 어땠을까요? 선택 자체가 형벌이 된 그녀의 고통의 원인은 어디서 찾아야 할까요?

싯다르타 왕자는 우리의 세속적 삶을 관통하는 고(苦)의 실체를 목격한 것을 계기로 출가를 결심했습니다. 붓다가 된 이후에 했던 첫 번째 설법도 다름 아닌 고에 대한 구체적이고 실천적인 해결책이었습니다. 부처님의 첫 설법은 중도(中道), 팔정도(八正道)와 사성제(四聖諦)의 순으로 이어지는데, 부처님의 첫 제자가 된 다섯 명의 비구들은 사성제에 대한 설법을 듣고 난 후 차례로 진리의 눈을 얻게 됩니다. 사성제의 가르침은 니까야에 다음과 같이 나타납니다.

> 이것이 '고'라는 성스러운 진리이다. … 이것이 '고의 소멸'이라는 성스러운 진리이다. 그것은 바로 갈애를 남김없이 소멸하고, 버리며, 떨쳐버리고, 벗어나며, 집착하지 않는 것이다. 이것이 '고의 소멸로 이끄는 길'이라는 성스러운 진리이다. 그것은 팔정도이다. 즉 바른 견해, 바른 사유, 바른 말, 바른 행위, 바른 생계, 바른 정진, 바른 알아차림, 바른 삼매를 말한다.

위에서 말한 팔정도에서 첫 두 가지는 지혜(paññā), 그 다음 세 가지는 계율(sīla), 마지막 세 가지는 선정(samādhi)으로 분류됩니다. 팔정도는 중도를 여덟 가지로 분류한 것으로, 부처님은 극단적 고행과 쾌락주의를 모두 떠난 바른 실천으로서 이것을 설했습니다. 팔정도의 요점은 양극단을 피하라는 것이지만, 양극단을 피하는 것만으로 바른 길이 보장되는 것인지는 잘 모르겠습니다. 실제로 불교와 동시대에 발흥한 자이나교의 주요 가르침도 양극단을 피하라는 것이었습니다. 부처님이 설한 중도는 상견(常見)과 단견(斷見), 또는 상주론(常住論)과 단멸론(斷滅論)에 빠지지 않는 것으로도 해석되며, 이는 불교 철학사에서 중요하게 다루어집니다.

그러나 적어도 「초전법륜경」에서 부처님이 말하는 중도는 당시 일부 사문들의 지나친 고행 중심의 수행 관행과 바라문교의 제사 만능주의, 곧 자신의 이익과 욕망을 위해 희생제도 마다하지 않는 실태에 대한 경종으로 보입니다. 중도에 입각한 팔정도 역시 그러한 시대 상황과 동떨어진 지침은 아닐 것입니다. 우리 역시 이 시대의 복잡다단한 현실 속에서 극단적인 입장을 떠나 윤리적이며[戒] 평정을 유지할 수 있는[定] 지혜로운[慧] 길을 찾아야겠지요.

내일이 예측되고 상식이 통하는 일상적 세계에서의 중도의 길과 혼탁한 악세에서의 중도의 길은 같은 길일까요? 부처님은 메릴 스트립이 연기한 그 유태인 여인의 절박한 선택 상황에서 어떤 선택을 하라고 말씀하실까요? 여러분이라면 어떤 선택을 하시겠습니까?

『테리가타』, 곧 「장로니게」에는 어디에서도 들어볼 수 없는 이야기가 전해집니다.

어느 날 수바 비구니가 망고 숲을 걷고 있었습니다. 그때 한 남자가 길을 막자 수바 비구니는 다음과 같이 말합니다. "그대는 왜 길을 막고 있습니까? 내가 잘못이라도 했습니까? 출가 비구니에게 접근하는 것은 옳지 않습니다. 나의 스승께서는 계율을 정하셨습니다. 우리는 그것을 존중하고 따릅니다. 나는 티 없는 청정한 삶을 살고 있습니다. 그대는 왜 길을 막고 있습니까? 그대는 마음을 절제하지 못하고 욕망으로 가득 차 있습니다. 그러나 나는 평온합니다. 욕망은 모두 가버렸습니다. 그대는 왜 길을 막고 있습니까?" 남자는 수바 비구니의 외모를 칭송하면서 하녀의 시중을 받으며 궁전에서 함께 살자고 요구합니다. 그러자 수바 비구니는 "그대는 길이 없는 곳을 걸으려 합니다. 달을 잡으려 하고, 수메루 산을 뛰어넘으려 합니다. 그대는 부처님의 자녀를 쫓고 있습니다. 천상에도 이 지구상에도 나에게 욕망의 대상이 되는 것은 아무것도 없습니다. 붓다의 가르침에 의해 욕망은 뿌리째 뽑혔습니다. 마치 그릇 속의 독이 증발해버리듯이. 이런 것을 성찰하지 못하는 사람이나 스승의 가르침을 알지 못하는 사람들이나 유혹하시지요. 그러나 이런 것을 아는 사람을 유혹한다면 그대는 괴롭기만 할 것입니다. 내 마음은 즐거움이나 괴로움, 칭찬이나 비방에도 흔들림 없이 굳건히 마음 챙김에 머뭅니다. 인연 따라 생긴 것은 부정한 것으로 가득 차 있다는 것을 알기 때문에 나는 어느 것에도 집착하지 않습니다. 나는 부처님을 따릅니다. 그리고 훌륭한 팔정도의 수레를 타고 삽니다. 번뇌의 화살은 뽑혔습니다."

이 게송에 대한 주석에 따르면 이미 아라한의 경지에 이른 수바 비구니는 일시적인 정욕에 눈이 멀어 자신을 욕보이려는 사내가 무간지옥에 떨어질 것을 측은하게 여겨 자신의 눈알을 뽑는 행위로 그의 악행을 막았다고 합니다. 보통의 인간은 자신을 물리적으로 공격하는 상대에게 같은 방식으로 대응하기 쉽습니다. 수바 비구니의 방식은 보통 사람들은 상상도 할 수 없는 대응입니다. 아라한의 경지에 이른 이들에게나 가능한 일이겠지요.

우리는 이 에피소드에서 깊은 자비심을 느낄 수 있습니다. 자기를 해치고자 하는 자에게까지 이르는 자비입니다. 초기불교에서는 윤리적이고 청정한 삶의 덕목으로서 사범주(四梵住, brahma-vihāra)를 중시합니다. 이것은 범천이 머무는 네 가지 곳이라는 의미로, 선의로 사람을 대하고 갈등을 줄이며 서로를 지지하면서 평온한 환경을 조성하게 합니다. 사무량심(四無量心)으로도 많이 알려진 이 네 가지 덕목은 다음과 같습니다. 먼저 자애[慈, mettā]입니다. 이것은 모두를 향한 능동적 선의를 말합니다. 다음은 연민[悲, karuṇā]입니다. 이것은 자애로부터 나오며, 타인의 고통을 자신의 고통과 동일시하는 것을 말합니다. 다음은 기쁨[喜, muditā]입니다. 이것은 다른 사람의 행복에 공감하면서 느끼는 기쁨입니다. 마지막은 평정[捨, upekkhā]입니다. 이것은 공평하고 평온하여, 모든 것을 있는 그대로 수용하는 평정심입니다. 사범주는 초기불교뿐만 아니라 대승불교에서도 중요한 수행법으로 알려져 있습니다. 이 수행법은 삼매수행법에 속하며, 평정심의 경지는 제4선의 경지와 같다고 합니다.

『디가니까야』의 「떼빗자 경」에서는 사범주를 최고신 브라흐마와 함께하는 경지로 표현합니다. 앞에서 언급했던 것처럼 초기불교는 바라문교에 대해서는 비판적인 입장을 견지했지만 이들이 믿고 따랐던 최고신인 브라흐마의 이름은 지고의 상태를 나타내는 관용적 수사로서 활용했습니다. 이 경에서 부처님은 세 가지 베다에 능통한 브라만 사제들이 행해야 할 법은 버리고 행해서는 안 되는 법을 취한다고 비판합니다. 이 행하지 말아야 할 법이란 신에 대한 맹목적인 예배입니다. 브라만 사제들은 자신의 장애는 제거하지 못하면서 최고신과 함께 머무는 것을 꿈꾸고 있다는 것이지요. 부처님은 브라흐마는 소유물도 없고 원망하는 마음, 적대하는 마음, 번뇌하는 마음 등이 없으며 자유자재해야 하는데 브라만 사제는 그렇지 않으니 그들이 사후에 브라흐마와 함께할 가능성은 없다고 말합니다. 부처님은 그들이 따르는 세 가지 베다는 브라흐마와 함께하는 길을 제시하지 못한다고 지적합니다.

결국 모든 행위의 책임은 신이 아닌 인간에게 있습니다. 신에게 아무리 소청을 해도 자신이 바르게 살지 않으면 번뇌에서 벗어날 길이 없습니다. 이렇게 사범주는 윤리적·실천적 덕목으로 「떼빗자 경」에 나타나는데, 이 네 가지 덕목 가운데 가장 최상인 것은 탐욕을 비우고 성냄을 비우고 어리석음을 비우는 평정이라고 합니다. 이렇듯 니까야는 바르게 사는 것이 곧 수행이며 해탈에 이르는 가장 좋은 방법임을 분명히 하고 있습니다.

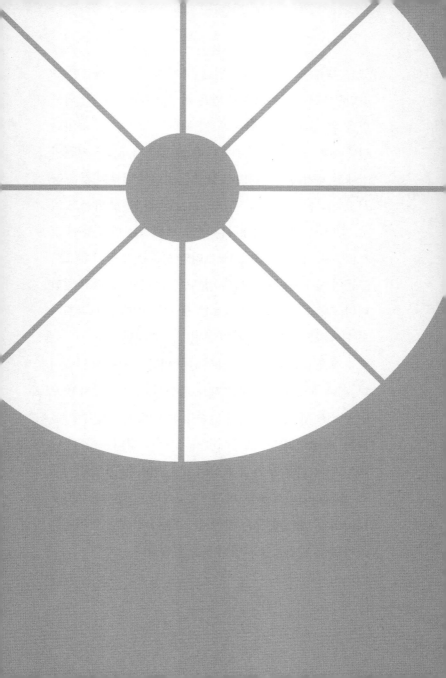

4

니까야에서
우리는
무엇을 배울 수 있을까

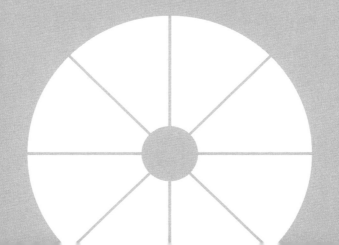

만들어진 세상과 까르마의 작용 원리

자주 가는 집 근처 도서관이 있습니다. 멀지 않은 곳에 초록이 가득하고 책도 가득한 도서관이 있는 것은 큰 축복입니다. 어느 날 도서관 언덕길을 걷고 있다가 위쪽에서 내려오던 개와 마주쳤습니다. 검은 색의 개였는데, 주인이 없는 유기견으로 보였습니다. 주위에는 아무도 없었고, 개와 눈이 딱 마주쳤습니다. 순간 많은 상념이 지나갔습니다. 거친 눈빛에 덩치가 큰 개는 목줄이 없었습니다. 홀로 산책하던 중년 여성이 만만하다 생각했는지 이를 드러내며 저를 노려보았습니다. 동공이 흔들리면 달려들 수도 있겠다 싶어 저도 개를 똑바로 응시했습니다. 뒷모습을 보이면 달려들 것 같았습니다. 그래서 계속 서로를 마주 보고 있는데 개가 피하지를 않는 것입니다. 어떻게 하지? 제가 시선을 거뒀습니다. 개는 저를 지나서 가던 방향으로 가더군요. 누구에게도 말하고 싶지 않았습니다. 개한테 졌습니다.

어린 시절 저는 짖는 개를 무서워했습니다. 옥탑에 있는 친구 집에 놀러 갔다가 목줄이 풀어진 개가 짖으며 달려드는 바람에 옥상 난간으로 올라갔다가 하마터면 떨어질 뻔했습니다. 놀라 달려온 친구의 어머니한테 꾸중도 들었습니다. 반려견 시대에 귀여운 강아지를 보면 눈이 절로 가지만 여전히 목줄 풀린 개에 대해서는 두려움이 있습니다. 어린 시절 자주 악몽에 나타났던 장면도 뒤에서 개가 짖어대며 쫓아오는데 발이 움직이지 않는 것이었습니다. 그 옥탑집의 개만 만나지 않았다면 제가 그 개에게 더 당당할 수 있었을까요? 소소한 저의 행동조차 어딘가 원인이 있지 않을까 하는 생각이 듭니다. 이제 사나운 개를 만나도 눈을 깔지 않겠습니다.

요즘은 "전생에 나라를 구했다"라는 말이 극찬의 레토릭이 되었습니다. 업보니 윤회니 하는 것에 아무 관심조차 없을 세대들이 "이번 생은 폭망이다", "다음 생은 재벌집 막내아들로 태어나겠다" 등등 윤회를 당연시하는 듯한 말도 합니다.

상카라(saṅkhāra, 行)는 행위들의 누적입니다. 행위들이 쌓이면 무게가 생깁니다. 무게가 나가기 시작하면 밀고 나가려는 힘이 생깁니다. 행위가 더 쌓이면 더 큰 힘으로 더 빠르게 밀고 나가려 합니다. 한번 들어선 길은 그 힘으로 쭉쭉 뻗어나갑니다. 길을 따라 더 큰 무게와 힘으로 점점 더 빠르게 밀고 나갑니다. 이미 길이 생겼으니 또 다른 엄청난 힘이 가해지기 전에는 방향을 트는 것 자체가 불가능할 것 같습니다. 저는 상카라를 생각하면 앞에서도 말한 눈사태를 떠올립니다. 작은 주먹만 한 눈덩이가 산을 굴러 내려가며 뭉쳐져 엄청난 크기와 속도로 거침없이 밀고 나가는….

언젠가 버스 안 라디오 방송에서 이런 말이 나오더군요. "나이는 속도와 비례하는 것 같아요. 30대는 시속 30키로, 50대는 시속 50키로, 70대는 시속 70키로. 이렇게 나이가 들수록 시간이 더 빨리 가는 것 같습니다."

시간만 빨리 가는 것이 아닌 듯합니다. 일에 숙달된 장인들의 손도 점점 빨라집니다. 가게에 들어오는 손님의 옷매무새만 보고도 그의 취향을 간파하는 숙달된 점원들도 있습니다. 눈빛만 봐도 알 수 있고, 손끝만 스쳐도 알 수 있는 것들이 너무 많지요. 사람에 따라 다르지만, 이렇게 척 보면 아는 경지는 경험을 축적해야 도달할 수 있습니다.

우리가 사는 세상은 유위(有爲)의 세상이라 합니다, 행위로 이루어진 세상, 만들어진 세상입니다. 오랫동안의 반복된 행위, 그 경험으로 만들어진 앎과 취향, 그리고 누적된 판단이 나를 만듭니다. 유위의 세상은 시간으로 이루어져 있습니다. 과거·현재·미래가 계속 꼬리를 물고 이어집니다. 인도인들은 이러한 시간이 이번 생뿐만 아니라 과거생, 미래생까지 이어진다고 믿었습니다. 이번 생의 관성의 무게도 만만치 않은데 세세생생이라니요? 우리가 세상에서 자유롭지 못한 것은 이렇게 쌓아온 행위가 스스로를 옥죄기 때문입니다. 무섭지 않습니까?

상카라는 까르마(karma)의 동의어입니다. 또 다른 동의어는 쩨따나(cetanā)입니다. 이 세 가지는 각각 '행', '업', '의도'라고 많이 번역되었는데, 결국은 같은 말입니다. 오늘 우리가 하는 생각은 어제 한 생각과 90퍼센트는 같다고 했었죠? 관성의 힘이 작용하는 것입니다. 어제의 착시나 착각이나 오해는 교정되지 않는 한 오늘도 지속되면서 의도를 형성합니다.

예전에 지금의 성신여대입구역 근처에 태극당이라

152

는 제과점이 있었습니다. 그곳 주변이 버스 정류장이었는데, 언제나 많은 버스들이 정차하는 복잡한 곳이었습니다. 저는 이곳에서 환승을 위해 바꿔 타야 할 버스를 찾느라 늘 여념이 없었습니다. 예전에는 버스 정류장이 지금처럼 정비되어 있지 않았기에 교통 요충지에 위치한 몇몇 정류장은 그야말로 혼돈 그 자체였습니다. 어느 날 밤 거의 막차 시간이 되어서 저는 제가 타야 할 2번 버스를 기다렸습니다. 정차한 여러 버스들 가운데 2번 버스를 간신히 잡아타고 안도의 숨을 쉬고 있었는데, 버스가 모르는 길로 접어들었습니다. 이런! 저는 12번 버스를 탔던 것이었습니다. 저는 당황스러웠습니다. 그 정류장에 12번 버스도 정차한다는 것을 알고 있었기에 번호를 두 번 확인하고 탔기 때문이었습니다.

매일 그곳에서 버스를 기다리고 항상 타던 버스를 타는 것은 관성이었습니다. 그런데 착시가 일어났고, 오류를 확인한 순간 제 감각 기관에 대한 신뢰가 깨졌습니다. 그 후로 저는 버스를 탈 때 번호를 다시 한 번 확인합니다. 새로운 관성이 생긴 것이지요. 다행히 그날 저의 착시와 오류는 바로 시정될 수 있었습니다. 그런데 우리의 착각과 오해가 이렇게 매번 바로 교정이 될까요? 인지하지도 못한 채 계속 진행되고 있었던 적은 없는지요?

인도 유학 생활 초반에 다니던 대학 도서관에서 지인으로부터 어떤 팁을 들었습니다. 방금 지나간 사람이 성격이 고약한데 어떤 여학생을 스토킹하기까지 했다는 것이었습니다. 유익한 정보를 준 지인에게 감사하며 그날 이후로 저는 그를 피했습니다. 어느 날인가 도서관 옆자리에 그가 앉자 혹시 말이라도 붙일까 싶어 자리를 옮겼습니다. 여러 해가 지난 후 우연히 또 다른 지인으로부터 그를 소개 받아 대화하던 중 모든 것이 오해라는 것을 알게 되었습니다. 아마 또 다른 지인의 주선이 없었다면 저는 그를 계속 고약한 사람으로 알고 있었을 것입니다.

관성이 편리할 수도 있습니다. 살았던 대로, 생각했던 대로 살면 되니까요. 우리는 대개 편한 길을 추구합니다. 때로는 뭔가 잘못된 것을 감지하면서도 관성에 몸을 맡겨버리는 경우도 있습니다. 리셋하기 번거롭고 불편하다는 단순한 핑계로 말입니다. 까르마가 지배하는 세상에서 자신을 깨우는 경각심이 없을 때 흔히 일어나는 현상입니다.

까르마, 곧 업보 사상은 부처님 시대에 이미 널리 믿어진 것으로 알려져 있습니다. 불교 이전의 문헌에서 '까르마'라는 단어는 주로 '종교 의식'을 의미했습니다. 이후 점차 '행위'의 의미가 부각되었고, 나아가 '행위에 대한 결과'까지 함축하게 되었습니다. 윤회는 까르마 사상의 필연적인 결과로 여겨지는데, 이는 단 한 번의 삶만이 아니라 이전의 행위에 따른 결과를 지닌 여러 생애가 존재해야 하기 때문입니다. 따라서 까르마는 업보윤회 사상으로 정착하게 됩니다. 불교에서 까르마는 모든 의도적 행위를 의미하며, 여기에는 정신적, 언어적, 신체적 행위가 모두 포함됩니다. 의도는 까르마를 결정하는 가장 중요한 요소로, 니까야에서는 까르마와 동일시됩니다. 이 행위는 도덕적으로 선한 것, 악한 것, 또는 중립적인 것일 수 있으며, 신체적 행위, 말, 마음으로 나타날 수 있습니다. 그 행위의 선악에 따라 그에 상응하는 결과가 나타나는데, 부처님은 세 가지 행위 중 마음의 행위가 악한 결과를 초래하는 데 더 큰 책임이 있다고 말했습니다.

그런데 여기에 철학적으로 중대한 한 가지 문제가 있습니다. 불교는 까르마를 인정하지만 자아를 부정합니다.

그렇다면 자신의 행위에 대한 도덕적 책임과 그 결과는 누구에게 있을까요? 이 두 교리가 모순 없이 함께 존재할 수 있을까요? 니까야에 따르면 이 문제는 부처님 당시에도 혼란을 일으켰던 것으로 보입니다. 「마하뿐나마 경」에서 한 비구는 부처님의 가르침을 듣고 다음과 같은 질문을 합니다. "부처님께서는 몸이 자아가 아니라고 말씀하십니다. 느낌도, 생각도, 의도도, 의식도 자아가 아니라고 말씀하십니다. 그렇다면 자아가 아닌 이 행위들은 누구에게 영향을 미치는 것입니까?" 이 질문은 보통 사람이라면 충분히 할 수 있는 질문처럼 보입니다. 하지만 부처님은 그를 어리석고 무지하며 욕망에 이끌려 길을 잃은 자라고 꾸짖습니다. 부처님은 이 질문에 대해 이미 여러 차례 답변했다고 말씀하시며, '존재의 세 가지 특징', 곧 삼법인(三法印)을 다시 설명합니다. 하지만 이는 질문에 대한 직접적인 답변으로 보이지는 않습니다.

「마하땅하상카야 경」에서 사띠 비구는 오온 가운데 식(識)이 윤회의 주체라고 주장하다가 부처님께 몹시 꾸중을 듣습니다. 여기서 부처님은 "이미 나에게 여러 방편으로 조건에 따라 일어나고 조건에 따라 없어지는 이치를 배웠거늘 어찌 그런 어리석은 생각을 할 수 있는가?"라고 하며 호되게 경책을 합니다. 이는 연기(緣起)에 대한 부처님의 가르침을 받은 비구라면 그런 질문을 하지 않는 것이 자연스럽다는 뜻입니다.

『밀린다왕문경』에 따르면 까르마는 명색(名色)에 의지해 머물며, 한 생에서 다음 생으로 이어진다고 합니다. 새로운 존재는 변했기 때문에 이전 존재와 완전히 동일하지는 않지만, 같은 까르마의 흐름 속에 있기 때문에 완전히 다른 것도 아니라는 것입니다. 중요한 점은 영혼이나 자아와 같은 것이 윤회의 주체가 아니라는 것입니다.

부처님의 열반 후 얼마 지나지 않아 상가가 분열하며 다양한 부파가 등장했는데, 그들 사이의 주요 쟁점 중 하나가 바로 이 문제였습니다. 예를 들어, 남방 상좌부에서는 의식이 존재의 연속성을 책임지는 심리적 요인으로 간주되었는데, 이는 설일체유부와 경량부의 상속(相續, santāna) 개념과도 유사합니다. 부처님이 제자를 꾸짖으면서까지 이러한 논의의 불합리성을 지적했지만 '자아'에 대한 논의는 지금까지 지속되고 있습니다.

때에 맞는 말의 위력

아무리 좋은 가르침도 알아들어야 자신의 삶에 적용시킬 수 있습니다. 설령 알아듣더라도 공감만 하고 현실에 적용하지 않으면 별 소용이 없습니다. 좋은 의도를 가지고 전하는 말도 상대방이 거부하거나 왜곡하고 고깝게 받아들이면 도리어 화살이 되어 되돌아오는 경우도 있습니다. 인도에서 공부할 때 종종 전래 우화를 접하게 됩니다. 이솝 우화와 거의 같은 이야기도 꽤 있었고 우리나라 민담과 겹치는 이야기도 있었습니다. 간혹 우리 정서와 맞지 않는 이야기도 있었습니다. 예를 들면 어미 닭이 자신의 병아리들과 산보를 하다 마실 물이 없어 난감해할 때 어떤 할아버지가 그들에게 물을 제공합니다. 할아버지의 친절에 보답하기 위해 어미 닭은 할아버지의 부탁을 들어주기 시작합니다. 할아버지는 사소한 부탁부터 시작해서 낳은 달걀 하나를 달라는 부탁까지 어미 닭에게 합니다. 어미 닭은 그 부탁도 들어줍니다.

이 우화의 교훈이 무엇인지 저는 가늠할 수 없었습니다. 친절에는 반드시 보답을 해야 한다는 것인지, 적절한 기준을 갖고 있지 않으면 상대의 요구에 마냥 당할 수밖에 없다는 것인지 모르겠습니다. 이 우화는 어린이들을 위한 그림책에 있었던 것인데, "이 이야기의 교훈은 무엇일까요?"라는 질문으로 끝나고 답은 나와 있지 않았습니다. 저는 그 내용 자체에 적지 않은 충격을 받았습니다. 자식들을 살리기 위해 도움을 받았는데, 상대가 다름 아닌 그 자식을 내놓으라고 한다니 말입니다. 이 우화의 정확한 출처를 지금은 찾을 수 없습니다. 그럼 출처가 분명한 또 다른 전래 우화를 소개해 드리겠습니다. 인도의 우화집 『히또빠데샤』에 나오는 이야기입니다.

나르마다 강변에 큰 나무가 있었습니다. 그곳에 만들어진 둥지에는 우기에도 새들이 편안하게 살고 있었습니다. 어느 날 큰 먹구름 떼가 몰려와서 폭우가 내리쳤습니다. 나무 밑에는 원숭이들이 추위에 떨면서 서 있었습니다. 이를 보고 새들이 말했습니다. "여보세요, 원숭이님들. 들어보세요. 우리들은 부리만으로

159

도 풀을 날라 둥지를 만들었어요. 당신들은 손발이 있으면서 왜 낙담만 하고 있나요?" 그것을 듣고 화가 난 원숭이들은 생각했습니다. '바람 없는 둥지 속에서 편안히 살고 있는 새들이 우리들을 비난하는구나. 비만 그치면 가만 두지 않겠다!' 비가 그치자 원숭이들은 나무에 올라가 둥지들을 모두 부수고 그 새들의 알까지 밑으로 던져버렸습니다. 우리는 여기서 교훈을 얻습니다. '오직 지혜로운 이들만을 가르치고 무지한 이들은 결코 가르쳐서는 안 된다. 무지한 원숭이들을 가르치고서 새들은 둥지를 잃게 되었다.'

불교는 의도를 중시합니다. 어떤 마음으로 행동하느냐가 중요하지만, 동시에 무명(無明), 곧 어리석음도 경계해야 합니다. 뜨거운 무쇠솥을 알고 만지는 사람과 모르고 만지는 사람에 대한 이야기처럼, 알고 한 행위와 모르고 한 행위의 결과는 다를 수밖에 없습니다.

모르고 한 행동이 죄가 되지 않을 수는 있지만 이로 인해 자신의 손이 데인다면 그에 대한 과보는 여전히 있는 것입니다. 오히려 아무것도 모른 채 뜨거운 무쇠솥을

덥석 잡으면 더 심각하게 데일 수 있습니다. 반대로 아무리 좋은 의도를 가지고 한 행동이라 하더라도 상대방이 수용하지 않는다면 큰 화를 당할 수 있습니다. 살아가면서 의도와 다르게 상황이 전개되는 경우를 종종 경험하게 됩니다. 선의로 다가갔는데 그것이 상대에게 오히려 손해를 입히거나 상처를 주는 경우도 있습니다. 아직 받아들일 준비가 되지 않은 상대에게는 아무리 좋은 말과 조언을 해주어도 소용이 없습니다.

'말'의 힘에 대해 인도인들은 오랜 믿음을 가지고 있습니다. 리그베다에서 여신 바쯔(Vāc)는 신성한 언어의 화신으로 나타나며, 우주의 창조와 질서를 유지하는 중요한 역할을 합니다. 인도 철학에서 가장 중요하게 간주되는 '궁극적 실재'를 의미하는 브라흐만(Brahman)도 신성한 '말' 또는 '주문'과 관련이 있습니다. 부처님의 말씀은 '붓다바짜나(buddha-vacana)'라고 합니다. 일반적으로 경·율·론 삼장이 이에 해당하며, 당연히 니까야의 가르침도 붓다바짜나입니다.

힘이 실린 말만큼이나 중요한 것이 경우에 맞는 말입니다. 『숫따니빠따』 「수바시따 경(잘 설해진 말씀의 경)」에서는 잘 설해진 말이란 좋은 말이지 나쁜 말이 아니며, 양식 있는 사람들에게 비난 받지 않고 질책 당하지 않는 말이라고 합니다. 그러한 말에는 네 가지가 있습니다. 첫째는 좋은 말이고, 둘째는 옳은 말이며, 셋째는 친절한 말이고, 넷째는 진리의 말입니다. 『앙굿따라니까야』「밧짜경」에도 현명한 사람들에게 비난받지 않는 좋은 말로 다섯 가지를 제시합니다. 그것은 시의적절한 말이고, 진실된 말이며, 친절한 말이고, 유익한 말이며, 사랑이 깃든 말입니다. 이것은 『숫따니빠따』의 네 가지 말에 '시의적절한 말'이 추가된 것입니다. 아무리 좋은 말도 상대방이 받아들일 상황이나 수준이 안 될 때는 아무런 효과가 없을 수 있습니다. 심지어는 둥지 속의 새처럼 폭력적인 반격을 받을 수도 있습니다.

어린 시절 저에게도 작은 깨우침이 있었습니다. 초등학교에 다닐 무렵이었습니다. 학교에서 시험을 보았는데 너무 낮은 점수를 받았습니다. 저는 빨간 색연필로 점수가 크게 적혀 있는 그 시험지를 부모님께 보여드리기 싫었습니다. 하굣길에서 저는 차라리 이 시험지가 사라져 버리기를 바랐습니다. 오르막길을 오르다가 시험지를 쥔

손에 힘을 빼니 마침 불어오던 바람에 시험지가 날아가 버렸습니다. 잘 되었구나 싶었는데 시험지는 길가의 축대 밑 나무에 걸려 지나가는 사람들이 모두 볼 수 있게 나부끼게 되었습니다. 축대 위에서 아래쪽으로 날아간 시험지를 나뭇가지로 내리쳐봤지만 시험지는 좀처럼 떨어지지 않았습니다. 축대 밑으로 지나가는 사람들이 없는 것을 확인하고 좀 무거워 보이는 돌을 던져 시험지를 떨어뜨렸습니다. 하지만 시험지는 다시 어디론가 날아가 버렸습니다. 불안한 마음으로 집에 왔는데 몇 시간 후 친한 친구가 찾아와 끔찍한 이야기를 전했습니다. 누군가가 제가 던진 돌에 머리를 맞고 병원에 실려갔다는 것이었습니다. 하늘이 노랬습니다. 숨이 막혔습니다. 그 누군가가 죽었을지도 모른다는 생각이 들자 모든 감각 기관이 멈춰서는 것 같았습니다. 시험지가 날아가기 전까지 그 평범했던 모든 날들이 나에게 얼마나 소중하고 아름다운 날이었는지, 제 주위의 모든 사람들이 얼마나 소중하고 귀한 사람들이었는지 가슴이 저려왔습니다. 이제 이 모든 것을 다 뒤로하고 자수해야겠다고 생각하며 집을 나서려는데 그 친구가 또 찾아왔습니다. "거짓말인데~ 거짓말인데~ 장난인데~

장난인데~"그 친구는 노래를 부르듯 놀려댔습니다. 하지만 저는 그 친구가 어찌나 고맙고 예뻐 보였던지 그 친구를 와락 껴안았습니다. 개벽의 순간이었습니다. 거짓말이라는 그 놀림의 말이 저에게는 너무도 달콤한 말이었습니다. 모든 것이 끝났다고 생각했는데 다시 시작할 수 있는 기회가 생긴 것이었습니다. 저는 새롭게 회생할 기회가 주어졌던 그 감격의 순간을 늘 기억합니다.

다행스럽게도 우리에게는 새롭게 시작되는 또 다른 날이 있습니다. 아직 끝이 아닙니다. 이전부터 쌓아온 행위가 관성의 힘으로 우리를 밀어내지만 언제든 방향을 틀 수 있는 기회와 의지가 우리에게는 있습니다. 자신이 만들어낸 허상 속에서 울고 웃는 쳇바퀴에서 벗어날 수 있는 가능성은 늘 열려 있습니다.

인문학 독자를 위한

니까야

© 최경아, 2025

2025년 3월 4일 초판 1쇄 발행

지은이 **최경아**
발행인 **박상근(至弘)** • 편집인 **류지호** • 편집이사 **양동민**
책임편집 하다해 • 편집 김재호, 양민호, 김소영, 최호승, 정유리 • 디자인 **쿠담디자인**
제작 김명환 • 마케팅 김대현, 김대우, 이선호, 류지수 • 관리 윤정안
콘텐츠국 유권준, 김회준
펴낸 곳 불광출판사 (03169) 서울시 종로구 사직로10길 17 인왕빌딩 301호
　　　　대표전화 02) 420-3200 편집부 02) 420-3300 팩시밀리 02) 420-3400
　　　　출판등록 제300-2009-130호(1979. 10. 10.)

ISBN 979-11-7261-137-8 (03150)

값 17,000원

잘못된 책은 구입하신 서점에서 바꾸어 드립니다.
독자의 의견을 기다립니다. www.bulkwang.co.kr
불광출판사는 (주)불광미디어의 단행본 브랜드입니다.